ЕЛЕНА ДУБРОВИНА

ВРЕМЯ ОЖИДАНИЯ

СТИХИ

Charles Schlacks, Publisher
Idyllwild, Ca
2016

ЕЛЕНА ДУБРОВИНА
ВРЕМЯ ОЖИДАНИЯ
СТИХИ

Cjpyright@Elena Dubrovina

ISBN #1-884445-98-5

First published by
Charles Schlacks, Publisher
P. O. Box 1256
Idyllwild, CA 92549, USA
2016

Cover design by Elena Dubrovina

СТИХИ

РАЗМЫШЛЕНИЯ

Я выбрала тернистую дорогу,
По ней я шла неловко, не спеша,
Прошенья не просила я у Бога,
Когда закатом плавилась душа.

Но вот в конце тропы ее паденье,
Я замедляю шаг, последний миг.
И наступает новое рожденье,
И новый свет уже в душе возник.

Бежит дорога медленно к откосу,
За ним блестит на солнце океан.
Так жизнь спешит от ясности к вопросу,
Что было здесь… и что случится там?

– Все для тебя: моя живая кровь,
Моя душа, избитая как тело.

Татьяна Штильман

Иду вперед, на острые углы
Я натыкаюсь, только цель не ближе,
От прошлого – сгоревшие угли,
Но ветер горький раны не залижет.
Бежит ручей, как быстроногий конь,
Его догнать и плыть с ним вместе, в ногу
Жизнь не спешит, скрываясь от погонь,
Она опять зовет меня в дорогу.
Я отстаю на день, на два, на три,
Мешает ноша, но не в этом дело.
Как неспокойно, и болит внутри
Моя душа, как раненое тело…

ЗАВЕЩАНИЕ

Сыну

Я уйду накануне поста,
Будут плакать родные и сын,
Я на землю пришла неспроста,
Сколько в жизни моей было горестных зим.
Что оставлю на память? – Цветы и грехи,
Фотографии в рамках и черный платок.
Когда будешь и ты, как и я, одинок,
Почитай на прощание эти стихи.
Полистай, просмотри этот старый альбом,
В нем есть все – постранично, как в старом кино,
Ты узнаешь, что было вчера и случилось потом,
Как мне было однажды легко и светло!
Я уйду, и останется пепел и строки стиха,
Буду долго еще я летать над землей,
Я вернусь к тебе утром, и жмурясь со сна,
Ты увидишь, как ангел парит над тобой…

Сыну

Я тихою рукой коснусь сухого лба.
Серебряной строкой пройдусь по клавесину.
Какая мне начертана судьба?
Какою болью уберечь мне сына?

Какой молитвой оградить от бед?
Какою удержать мне небылицей?
Опасен путь не этот нищий свет.
Я крылья над тобой сомкну, как птица.

Звериный крик и материнский плач
Ты не услышишь от меня как будто,
Но голову мою снесет палач,
Когда еще встречать ты будешь утро.

Сыну

Что тебе подарить перед тем как уйду –
Светлый день, нарисованный бледною тушью,
Или лодку, плывущую в небо по льду,
Или просто, как в вазе цветы, мою душу?

Может быть, подарю на прощанье венок,
Весь обвитый дыханьем моим, позолоченный дымом,
Если будешь и ты, как и я, одинок,
Ты повесишь его над погасшим камином.

Только где-то в углу, как в туманной росе,
Вспыхнет искорка света в биенье трескучем,
И на лунной, незримой еще полосе,
Звук души моей будет тобою озвучен…

Упала тень с вечерней занавески
На край стены, у самого портала,
Туда, где раньше тенью проступала
Судьба веков во всем старинном блеске.

Играет свет на тоненькой ладони,
Собор и церковь, вечер угловатый,
Как будто перед кем-то виноватый,
Согнулся ветер, прячась от погони.

А высоко над городом повисли
Ночные звезды, утонув в тумане.
Остались недосказанные мысли
В старинном, неоконченном романе.

Но все еще шуршат его страницы,
Измятые, как листья под ногами,
В забытом парке музыкой струится
Печаль души, живущая веками…

ВОКЗАЛ

Как капля в море и иголка в сене,
Я затерялась в городских кварталах,
Среди людей – турист в холодной Вене,
Бродячий клоун в опустевшем зале.
Несу любовь и чемоданы красок
С теплом души, запрятанной средь писем,
Среди людей, среди застывших масок,
Где мир жесток и все же живописен.
Я жду чудес, высокого венчанья
Моей судьбы с какой-то вечной тайной,
Но длится время – время ожиданья,
О, как оно безмерно и печально!
Как одиноко на пустой платформе –
Звук ржавых рельс, дыханье вечной ночи.
Как этот мир, как эта жизнь – непрочны!
И тот же день – бесцветен и бесформен!
И тот рассвет, что в юности встречали,
Стал облаком туманным и закатом,
И в грусти детства, юности печали
Пустой вокзал остался виноватым…

БИЛЕТ

Был куплен только в сторону одну
Билет последний, проданный в рассрочку,
И уезжая, но поставив точку,
Я эту память слепо берегу.

Но город детства временем размыт,
Размыт давно прошедшими дождями,
И время – против, и оно не с нами,
И путь назад уже давно закрыт.

Что жизнь моя? – Один момент прозренья,
Обманчива, как легкое вино.
И суть ее легла в стихотворенье,
Которому остаться суждено

В тетрадке с обветшалыми листами,
Давно забытой в ящике пустом.
Судьбу свою как книгу я листаю,
И жизнь свою я пью одним глотком.

Как я жила? В судьбе ошиблась дважды,
Поверив, что назад возврата нет…
Что жизнь – навек потерянный момент,
Как тот билет, мной купленный однажды…

Вокзал запутался в шумихе
И в суете вокзальных пут.
Закат торопится к портнихе
Надеть свой розовый хомут.

И с опоздавшей электрички
Сошел последний пассажир,
Он прикурил, зажегши спички,
Вокзальный сумрак оживил.

Какая скука, смяты лица,
Трещат вагоны, дым из труб.
А время ожиданья длится
С печальной легкостью минут…

И паровоз летит навстречу,
По трассе жизни прямо в смерть,
Безмолвный наступает вечер,
Чтоб утро новое воспеть…

Не думать о смерти, но ржавый замок
Под утро скрипит, вызывая тревогу.
Сварливая ночь повторяет урок
И старый рюкзак собирает в дорогу.

Как в комнате тихо. Смертельный покой
Едва нарушает движение мысли.
И тихо считает всю ночь метроном
Часы и минуты – о жизни, о смысле...

Я сплю и не сплю. Я парю над скалой
На грани времен и на грани бессмертья,
Но рвется душа в неизвестность порой,
Где в строчках стихов затерялись столетья,

Где рифмы сплетают ажурную сеть,
Где птицы давно щебетать перестали,
И с ангелом белым сражается смерть,
И море застыло, как будто из стали.

Ночь ссорится с утром. Я слышу их брань.
Засовы скрипят, как шаги по паркету...
Завяла на солнце в стакане герань...
Ночь старый рюкзак все таскает по свету...

В других садах растут мои цветы,
В тех городах, куда мне не вернуться.
Из всей ненужной этой суеты
Как хочется мне в память окунуться.
Извлечь из папки старое письмо,
Написанное почерком корявым,
Его давно теченьем унесло
По всем протокам и по всем каналам.
Остался только маленький конверт
Напоминаньем о суровой были,
О том, что было, и чего уж нет,
Что помнили, и что давно забыли.
Вот улица, ведущая к Неве,
Асфальт разбитый и ступени к Богу.
Никто уже не вспомнит обо мне.
Я память воскрешаю понемногу…
На Невском дом, парадная в проем
Ведет меня, где приютились кошки,
Дверь черная на этаже втором
И старые разбитые окошки,
Смотрящие на искривленный двор,
Казавшимся каким-то иностранным,
Где я играла в прятки с безымянным
Мальчишкой. Наш последний разговор
Мне душу жжет как памяти литье.
Вот эти тени на остывших стенах,
И боль моя, текущая по венам,… –
Все кануло давно в небытие…

Я с детства не любил овал!
Я с детства угол рисовал!

Павел Коган

В осеннем парке на скамье –
Забытый зонтик красный с черным,
И листья талые ко мне
Прилипли как к тетрадке школьник.

Идет по проволоке ток,
В дыму течет по трубам время,
И жизнь желтее, чем желток,
Бежит как кровь по старым венам.

Бессонницы кошачий плач
Сочится вместе с ветром в щели,
И век заботливый как врач,
Ведет меня к заветной цели.

Но смерть придет, когда не ждешь,
Накроет черным покрывалом,
И ты поймешь, что жизнь есть ложь,
Квадрат, растянутый овалом…

Что время, прожитое зря,
Не поменять, как плащ на платье…
А над землей встает заря,
Рисуя угол над кроватью…

ВДОХНОВЕНИЕ

И в зимней тишине луны заложник
Луч пробежал, запутавшись в листве,
Во взлете кисти, в тонком мастерстве
Сквозил еще непризнанный художник.

И в мире сверхъестественных начал
Он был один, забытый и бездомный.
И этот свет, нездешний и бездонный,
Он рисовал как вечную печаль…

В его мазках верхушки куполов
Едва светились в глубине мгновенья.
И погрузившись в тайну вдохновенья,
Творил поэт мелодию без слов…

Отрекаться не надо, другая судьба мне дарована,
Где закаты не гибнут, а просто зовут отдохнуть.
Я ведь с детства была не зарей коронована,
И тернистый судьба проложила мне путь.

Разноцветные зори по небу развеяны,
Даже звезды застыли, как строки в письме.
И года на часы, и минуты размерены,
На квадраты и клетки в тетрадном листе.

Горевать? Но Господь приказал мне молчание
И на мир посмотреть из далеких высот,
Если я на земле только гостья случайная,
Мне судьба на заре новый день принесет…

А стихи, словно листья, по книгам разбросаны,
По крупинкам из них соберу я судьбу…
Только память останется позднею осенью,
Когда я на земле, не воскреснув, умру…

Так много непонятного в той дали,
Где мы – во сне, а в жизни не бывали.
Ах, если б заглянуть туда на миг,
Туда, где мир иной давно возник,
Где звезды вместо лампочек горят,
И белый цвет – прекраснейший наряд
Парящих облаков в ненастный день,
Бросающих на землю только тень
От жизни неземной, чужой и странной,
Мы посетим ее, как посещали страны,
В которых мы мечтали побывать…
Что наша жизнь? Не надо забывать,
Что данный нам отрезок слишком мал,
Что мир вокруг – мираж внутри зеркал,
Что смерть нас ждет, когда луна взойдет,
Когда весной растает первый лед,
Когда счастливей с музою вдвоем,
Когда луна глядит в наш спящий дом,
Когда парим во сне в своем жилье –
Последний миг на праведной земле…

Пускай цветет на юге кипарис,
А хлопья снежные с небес стекают вниз,
И на деревьях мерзнут воробьи,
Как будто жертвы будущей войны.

Закутавшись в вечерний палантин,
Там тени мнутся в темноте гардин,
И ветер в щели лезет неспроста,
В такую ночь холодная тоска

На горло давит как лесной медведь,
И прячется за дверью где-то смерть.
В прищуре ночи, из прикрытых глаз,
Сверкает звезд серебряных алмаз…

Его лучи как уличный фонарь,
Бросают свет на свадебный хрусталь,
Где преломилась жизнь, и в этот час
Болит душа, в которой свет погас…

Ночь накрыла землю покрывалом,
Звездами расшитого. На нем –
Лунный свет в потоке золотом
Кажется светящимся опалом.

В эту ночь, как белый амулет,
Облако распластано на ткани,
Рано утром оно в пропасть канет
И растает как весенний снег.

Так и годы канут в неизвестность…
Память обратится в глухоту.
Даже, если ночью я умру,
Утром белым облаком воскресну…

Посмотрю на мир с других высот,
И у Бога попросив прощенья,
Буду ждать иного воплощения,
Если кто-то вспомнив, позовет…

Прикрывшись рукой и зажмурив глаза,
Нам мир представляется черным квадратом,
Но где-то по рельсам стучат поезда,
Несутся туда, куда нет нам возврата.
Там детство и юность играли в лапту,
Учились играть на рояле сонаты,
Учили поэмы почти налету,
Любили, дружили, встречали закаты,
Там были ненастья, дожди по ночам,
Разлуки, разрывы, паденья и ссоры,
А чаще всего – о любви разговоры
По сути… и все-таки по мелочам.
Стоим на развилке – все тот же вокзал,
Другие торопятся в новую вечность…
Вагон наш сломался, мотор отказал,
И длится минута в пути бесконечно…
Тот поезд увез эту память навек –
Навек – невозможно. Но дело не в том –
Мы также стоим на пути запасном…
И время плывет по течению рек.
Жизнь длится спокойно, почти не спеша,
Размеренный стук уходящих колес,
Но мучает тот же нас вечный вопрос –
В каком полушарье осталась душа?...

НАСТОЛЬНАЯ ЛАМПА

Настольная лампа разбужена шумом
И светом вечерним мерцает в окно,
Мерцает, мигает и смотрит угрюмо
Китайский болванчик в простом кимоно.

Он держит фонарик в широких ладонях,
Кривой и побитый на старости лет,
Стоит, неулыбчив, суров, непреклонен,
Китайский болванчик, дающий мне свет.

Он был в переделках, он был запакован,
Отправлен по почте в неведомый путь,
Был лентою-цепью к коробке прикован,
Но выжил, побитый и светит чуть-чуть.

Стоит он в углу, как свидетель безгласный
Тех строк, вырастающих из чепухи,
Когда сочетанье согласных и гласных
Выводят цепочкою ночью стихи.

Он странный свидетель мучений и бреда,
Глухих бормотаний, отчаянья, слез,
Удачная строчка – он знает – победа,
Он все принимает на душу, всерьез.

Но как-то однажды неверным движеньем
Столкнули болванчика на пол когда,
Живя на чужбине, с пренебреженьем,
Смотрел он в окно на чужие дома…

Он думал о доме в далеком Китае,
О женщине той, что однажды любил,
О белых цветах, распустившихся в мае…
Но кто-то все это случайно разбил…

Лежат на полу голубые осколки –
Фонарик и шляпа, и кимоно…
И светит луна на тяжелые полки,
На книги, стихи…. И, как будто в кино…
Скатилась слеза по лицу у него…

Растеряв все ночные краски,
Расписав всю ночную грусть,
Жизнь моя, ты была не сказкой,
Просто пьесой какой-нибудь,
Не разыгранной по заранее
Схеме, выдуманной судьбой,
Пьеса та была без названия
Не на сцене, а в жизни той,
Где была я не в главной роли,
Где играл меня мой двойник,
Где мы жили вдвоем поневоле,
В жизни, длившейся только миг…
И застыв в деревянной раме
С позолоченной тонкой каймой,
В ней останусь я жить веками,
Обретя только там покой...
И старея, с полуулыбкой,
Взглядом робким из-под бровей,
Я останусь памятью зыбкой –
На портрете, как Дориан Грэй.

В зеркале исчезло отраженье –
И лицо, и руки, и глаза,
Отпечаток сердца. И движенье
Маленькой души моей нельзя
Мне увидеть в зеркале разбитом.
Там в осколках только свет ночной,
Отраженьем водяным размытый,
Дух витает рядом неземной.
Я смотрю и вижу темный профиль,
Будто бы бумажный силуэт,
На столе разлитый черный кофе,
Кем-то нарисованный портрет.
Только где душа моя витает?
В темноте мне что-то шепчет Бог.
Он один, наверно, понимает,
Как сегодня каждый одинок.
Что живем мы в рамках зазеркалья,
Задыхаясь в собственном раю,
Где душа в тисках непониманья
Ждет конца у жизни на краю…

ДУША

Ей так не хватает тепла и уюта.
Ветки сгибаясь, качаются ветром,
Ищет, как птица, гнезда и приюта,
Мерит шагами здесь метр за метром
Чья-то душа неспокойная – время,
Клетку, в которой сто лет почивает,
Келью, в которой все заперты двери,
Только штормит и от ветра качает.

Шторы на окнах. Закрыты границы.
От одиночества мечется. Душно…
Годы проходят пустой вереницей,
В сердце ее заглянув равнодушно…
Тело стареет. И время устало.
Только душа еще рвется из плена,
Чтобы дорога случайная стала
Вечною тайной, секретом вселенной…

Когда на клавишах житейских
беда и скорбь сыграют гимн,
душа моя в стране библейской
познает плач, Иерусалим,
покается в грехах прошедших,
и у Стены, заплакав вновь,
поймет, что нет дороже встречи,
чем эта тайная любовь.
Душа, не знающая истин,
в своем стремлении познать
пойдет по свету, словно нищий,
земное счастие искать.
Тому, кто согрешил однажды,
простит грехи в последний час,
и только раз, один лишь раз,
спасет грешившего от жажды.

Душа моя, – я знаю ведь, –
Что ты живешь в другом столетье,
тебе подвластно долголетье,
и мне – безвременная смерть...
Но я страшусь ее прихода –
Мне предназначен трудный путь.
И, слившись навсегда с природой,
Прошу в молитвах помянуть…

Свет дневной полоснул как бритвой,
Ночь сменилась, но сон мой тих.
Я во сне рисую палитрой
Темных красок последний стих,

Спорю с музой о невозможном,
Об отчаянной жизни вне
Понимания этой сложной,
Не сложившейся в ней судьбе.

В этом сне все не так как надо,
Я жила в нем лет сто назад,
Я еще ощущаю из сада
Запах лилий… их аромат.

Возвращаться в реальность?
Медлю. И не знаю – я жду зачем?
Я плыву в свою зазеркальность
Без надежд, без любви, без тем.

Там покой, там живет усталость,
Отрешенность. Там – синий свет
От звезды я рукой касалась…
Только он постепенно слеп…

Я жива? Что со мною стало?
А проснулась – здесь свет дневной
Обозначил в душе усталой
Тихой музыкой путь земной…

СТОИЦИЗМ

Пускай единственность души и мира
Не станет отвлеченной единицей,
Когда умру, мне с вечностию слиться
И странствовать душе моей в эфире.

Скажите, где найти душе покоя,
Где мне не быть в оковах вечной пленной,
И слившись воедино во вселенной,
Парить над миром умершим изгоем?

Страшиться смерти? Но моя дорога,
Ведет туда, где ночевал Аврелий,
Где мужеству и стойкости поверил
Мудрец Сенека, преклоняясь Богу.

Душа одна. Она слилась с природой.
Ей страх знаком, знакомо вожделенье.
А мне, как дар, дано одно сомненье…
И смерти страх, и к вечности дорога…

В. Синкевич

Может быть, город чужой
и чужие люди.
Может быть, город этот
мы завтра забудем.
Лица сотрутся,
притупятся чувства,
и дом – станет чужим,
или забытым на карте пятном.
Сны растворятся в реальности,
Небо покроют тучи.
Может быть, надо уйти,
и в дороге нам станет лучше,
легче понять и отторгнуть,
и боль, и бред –
то, что на карте памяти –
памяти больше нет.

Есть скрытый смысл в поступках и словах –
подтекст интуитивно одинокий,
как даты на чужих календарях,
в чужих стихах непонятые строки.

Открытости неведомый порыв
нам дорог как Ромео и Джульетта,
но осени непрорванный нарыв
мы предпочтем болтливой скуке лета.

Уходит время в сети пауков,
сплетенной из мирских, тончайших связей,
и памяти таинственный покров
расшит словами, как узорной вязью.

Есть скрытый смысл в неузнаваньи чувств,
в сокрытости загадочных начал,
где мир внутри так оголено пуст,
а мир вокруг так бесконечно мал.

Одетая в шелка и золото,
Готовая для первой встречи
С закатом, осенью расцвеченным,
Зима приходит с белым холодом.
И, размножаясь пылью снежною,
На крыши опускаясь медленно,
Ей боль моя совсем неведома,
А я зимой грущу по-прежнему,
О яблоках с кислинкой вкусною,
О пирогах с густой начинкою
Из ягод. И стихами грустными
На старых, ломаных пластинках
Я наслаждаюсь в ночь холодную,
Когда смотрю на звезды низкие,
Нет, нет, не музыкою модную,
А песней старою Вертинского.
И боль уходит на мгновение,
И возвратится память грустная,
И залетит стихотворение
В окно раскрытое, нерусское…
А скрипка будет долго плакать
На залежавшейся пластинке,
И снег покроет будто скатерть,
Возникшие в сознанье снимки
Из детства, юности. И песня,
Во мне звучащая по-русски,
С забытою, чужою вестью,
Навеет столько новой грусти!…

Я стою на платформе второе столетье,
Я смотрю на людей в ожидании смерти,
Я касаюсь рукой уходящий вагон,
Я, наверно, пришла из забытых времен.
Незнакомые лица и люди кругом.
Все возможно сейчас и возможно потом.
Все возможно, и все же не верьте –
Это адрес не мой на старинном конверте,
И жила я не здесь, на планете другой.
Я давно умерла. Это адрес чужой.
Но осталась скитаться душа. Это я, не дыша,
На картине застыла в прошедшем столетье.
Я застыла живая, в ожидании смерти…

Чтобы истину познать –
оставайся в заточенье,
Ты себе не должен лгать…
Смысл вселенной тайной тенью
В душу вечностью ложится,
И мистические лица
В Божьем храме до рассвета
Обсуждают путь познанья,
Ни причастьем, ни обетом
Ни души своей признаньем
Не дойти до правды света,
Одиночеством измерив
Комнаты своей квадраты,
В милость Господа поверив,
Не ищи к себе возврата,
К старому закрой дорогу
И начни свой путь с причастья,
И тогда познаешь счастье,
Низко поклонившись Богу…

Портьеры тяжесть, сильная рука,
свинцом холодным на плечо легла...

Я с болью отвергаю каждый раз
простую мысль, что смерть сильнее нас,
что в облаке, похожем на крыло,
есть обреченность, и мое окно –
всего лишь рама, узкий выход в быт,
который тучей черною размыт.

И что по обе стороны стекла
есть тайна света и густая мгла...

МИРАЖ

Будто тянется в пропасть дорога-излучина,
Одноглазый фонарь – старый страж на углу.
Одиночеством долгим как жизнью измучена,
Я под небом чужим до рассвета умру.

За окном синий дождь – отражений потоки,
Тает ночь, тает день. Словно в раму окна,
Я картиною вставлена в мир одинокий –
Силуэт незаметный на листе полотна.

Только темное небо, да звезд очертания,
Только отблеск луны и осенний прелюд,
Сменит осень – зима, а надежду – отчаянье.
Мимо время пройдет, и часы промелькнут…

Старый мастер-творец разукрасит картину,
Ночь сыграет на ветках сонату как Лист.
Чей портрет в тонкой раме покрыт паутиной?
Он ошибся моделью, – мой друг-портретист.

Черной краски мазок – я исчезну бесследно,
Когда солнечный луч нарисует пейзаж.
Очертание ночи становится бледным…
Я ведь только виденье, рисунок, мираж…

ПРЕЛЮДИИ К ДОЖДЮ

Осторожной походкою осень крадется.
Улыбается солнце улыбкой горячей,
Только скоро остынет вечернее солнце,
И дождями холодными небо заплачет.

Заструится печаль, как потоки земные,
И разрушит мгновенье ее колдовства,
И качнутся деревья, как будто хмельные.
Зашуршит под ногами гнилая листва.

В этой истине вечной заложена тайна,
Нужно только найти, прикоснуться, понять
Не природы покой, а ее увяданье,
И почувствовав зыбкость ее, сострадать.

Наша осень, наверно, наступит однажды,
И потоки дождей захлестнут, унесут,
Кто-то встретит ее, улыбнувшись отважно,
Кто-то память отдаст на несбывшийся суд...

Я печально смотрю на затменье природы,
На опавшие листья, на голый фасад...
На сгоревший над домом лиловый закат.
И листаю, как книгу, прошедшие годы...

ОСЕНЬ

Там, где ветер с вечера судачил
На скамейке возле старых сосен,
По аллее шла навстречу осень
О прошедшей жизни тихо плача,
О любви, и что любить – не значит
Быть счастливым, и ее задача –
Удержать мгновение до встречи
С зимним солнцем и холодной стужей,
И когда ей будет путь намечен,
Распрощаться с жизнью неуклюже…
А потом опять воскреснуть где-то
В мировой пустыне подсознанья
И придти на землю разодетой,
Разукрасив желтым мирозданье…
Желтый лист, рассыпанный как просо,
Будет память ворошить о прошлом,
И опять стучать в мое окошко
Будет ослепительная осень…

А. Ш.

Смотрят окна друг другу в глаза,
отражаясь в небесном хаосе.
Подожди, не спеши,
если даже ударит гроза
и застынут дожди,
как слова на допросе,
и прожектором молния
высветит ночь, и дома
вдруг откроют себя,
словно души. Подожди,
не спеши и, играя в слова,
на тебя, как грозу,
я всю горечь земную обрушу.
Прокричу я совой, в темноту
упаду между сгорбленных сосен
и, укрывшись дождем,
я однажды под утро умру,
как опавшая осень.

Мандариновое утро –
все в оранжевых просветах,
Вот к концу подходит лето,
Солнце тает поминутно,
Тени падают косые
С подоконника на кресло,
Утро раннее прелестно –
На земле следы босые
От пролитой ночью влаги,
Где трава чуть-чуть примята,
Это осень виновата,
Что отпив вина из фляги,
Опьянела, и с похмелья
Разукрасила природу
В ту дождливую погоду
Желто-красной акварелью…
Ветки осенью знобило,
На ветру качались птицы,
Луч забрался на страницу,
Капнув красные чернила…
И пятно расплылось в кляксу,
Все в оранжевых просветах,
Так к концу подходит лето,
И приходит осень-плакса…

ОСЕННЯЯ ЗАРИСОВКА

Открыла дверь и вышла на крыльцо.
Холодный воздух мне дохнул в лицо.
И ветер прячет синеву в простенках,
И тонет мир в сиреневых оттенках.

В осенних красках есть цветные грани,
Как будто кто-то крестиком на ткани
Листву рассыпал с желтизной в прожилках
На перепутье и на двух развилках,

Где осени размыты очертанья,
Но в «бабьем лете» есть очарованье,
Есть синтез лета, греховодность чувства,
Осенних красок молодое буйство,

И есть тоска по уходящей жизни,
Цветам, смотрящих в небо с укоризной,
И звездам, отражающихся в лужах.
И, кажется, ты никому не нужен,

Когда стучит по крыше листопад,
И свет уже чуть-чуть подслеповат,
Часы спешат, сменяя дождь на зиму,
Я в дом вернулась. Осенью гонимый,
Опавший лист к ноге моей прилип…
Я дверь закрыла…. Растворился миг…

Между нами – пространство, колес перестук.
Распласталось лицо на стеклянном квадрате.
Уплывает по трассе – твой голос, твой звук.
Предписанье – разлука на нашем мандате.

А молчанье упрямо у стиснутых губ.
И еще недосказана длинная фраза,
Отойдет, отболит окровавленный сруб.
Под ногами земля исчезает не сразу.

Оголенные рельсы. Пустынный перрон.
На осеннем холсте – незаконченность линий.
Распласталось лицо. Уплывает вагон.
Скоро снова затянут осенние ливни…

В душный день под осеннею влагой
Капли солнца блестели слегка,
И как будто на белой бумаге,
На стекле полоса пролегла
Тонкой струйкой, стекающей в вечность,
Превращаясь в бесцветный комок,
Так и жизнь, как тот дождь, быстротечна,
И беспечна, как первый урок.
Возвращаются память и мысли,
Только годы назад не вернуть,
Там где тучи, как гроздья нависли,
Долгим был мною пройденный путь.
Но я слышу дыхание слова,
Его жизнь, как моя, коротка,
Так к стихам возвращаюсь я снова,
Только вот оборвалась строка…

Так умирает в ночь осенний хор,
И замолкают сумерки в плену.
Выходят птицы на ночной дозор,
И будто, по течению плывут

Волнам навстречу под присмотром звезд,
С бедою обвенчавшись при луне.
Но кто разрушил этот лунный мост,
И кто весною вспомнит обо мне?

Пронзительна осенняя тоска,
Она везде – в лесу и за углом.
А жизнь струится, будто из песка
Построил кто-то этот зыбкий дом.

Вот выползает из-за туч рассвет,
Он в солнце золотистое влюблен.
Плывет туман – ему дороги нет
Туда, где жизнь всего лишь вещий сон…

НАСТУПЛЕНИЕ ОСЕНИ

Вот черный ворон где-то вдалеке
Крылами бьет по голубой реке,
И пляшет ветер, и поет пурга,
А ночь, как кошка, на порог легла,

И лунный свет на краешке небес,
Как светлячок, то умер, то воскрес,
И нет дорог, и нет пути назад,
И свет струится звездный наугад

В секреты спящих, в паутину снов,
В пространство утомленных городов.
И плачет дождь! Из-под его ресниц
Сочатся капли красные зарниц.

И тени от людей – след на песке,
И жизнь, и смерть висят на волоске…
Лиловый день меняет цвет листвы…
И лето жжет последние костры…

ПРОЩАНИЕ С ОСЕНЬЮ

Было небо в венозных прожилках,
А из тучи рвались облака,
И метались как птицы снежинки,
Рассыпаясь, как будто мука.

Ветер северный плакал с надрывом,
И томилась тоска за окном.
В доме старом и вечно постылом,
Кто-то плакал опять о былом.

Потемнели на окнах гардины,
И вздымаясь, как загнанный конь,
Смерть смотрела со старой картины,
На горевший в камине огонь.

Жизнь читала ночную молитву,
Под звучащий в эфире орган,
Луч, похожий на острую бритву,
Просочился сквозь плотный туман…

ПРЕЛЮДИЯ К ДОЖДЮ

Перед дождем я плачу о дожде,
который разметет по ветру листья,
размоет красок осени палитру
и горько мне напомнит о тебе,
о нашем разговоре в ноябре
на самом острие разбитых лодок,
твои слова из сотканных уловок,
слагавших хор на срезанном стекле
и обострявших раненые чувства,
их размывала дождевая соль,
и вытекала медленно из сгустков
так остро в горле давящая боль…

Перед дождем я медленно вожу
по линиям нечетким рукоятки,
и, кажется, почти невероятным,
как льется стих прелюдией к дождю.

В ПЕТЕРБУРГЕ. ОЖИДАНИЕ

Недели проходят и месяцы,
а мне от тебя ни весточки.
Слышишь, за окнами мечутся
ветром гонимые веточки?
А мне от тебя ни слова,
ни жеста и ни улыбки.
Лето проходит. И снова
по зимнему льду я зыбко
скольжу от весны до лета.
Считаю недели и месяцы.
Пишу у окна без света.
Как ожиданье невесело!
И осень – горького цвета...

ОСЕНЬ

Голые деревья. За окном тоска,
Только слышно пенье черного дрозда.
Облако над домом вздыблено как конь,
Падают дождинки на мою ладонь.

Под крылом у ветра – бьется тишина,
Будто бы стрелою острой сражена.
Осень одолжила у зимы метель,
Краски переходят в вялую пастель.

На стекле рисунок белого коня,
Плачет он дождями, лето хороня.
Осень на пороге, и зима близка.
Небо почернело. На душе тоска…

Устриц кормил океан неспокойный,
Книгой открытой ложилась волна,
Солнце дрожало от летнего зноя,
Пенясь, купалась с рассветом луна.

Лето прошедшее ленью плодилось,
Мокрые тучи текли на песок,
Прошлое было, и прошлое длилось,
След на песке все еще его не просох.

Плавились звезды, стекая в овраги,
Лентой широкой струилась тоска,
Гнал ее ветер в огромной упряге
И неизвестно зачем и куда.

Помню дорогу из вязкости лунной,
Осень по ней одиноко брела,
Отблеск холодный и свет полоумный
Звали с собою меня в никуда.

Старилось лето на крыше печально,
Медом стекая, как липкий досуг.
Было понятно еще изначально –
Мир – это прошлого замкнутый круг...

Улица безмолвна и пуста.
И слеза прошедшего дождя
На листе повисла неуютно.
Мутно в луже. И на сердце мутно
От того, что вечер, а не утро,
От того, что падает листва,
От того, что завтра повторится
То же, что случилось и вчера.
Скучно. Осень. Падает листва.

Опять забуду, где и как
скрестились линии в миноре,
и солнца золотой пятак
в осеннем прячется уборе.

В плывущем воздухе тоска
на землю льется легкой вязью.
Развязка к сумеркам близка,
не связанным мирскою связью.

Я в них улавливаю тьмы
и света осени интриги,
где в оболочку пустоты
дождь мелко вкрапливает блики.

Ложатся краски на сукно
размытыми штрихами века.
И смотрит грусть ко мне в окно
тяжелым взглядом человека.

Полустертые лица,
засохшие листья
жмутся нищие
низко к росе
пригубиться.
И Россия
опять повторится
во сне.
Тот же осени запах
и взмах улетающих крыл –
белых птиц –
разве можно забыть?
В полусне –
полустертые лица
и листья в россе.
И Россия
опять повторится
во мне…

ГОРОД ИЛЛЮЗИЙ

ГОРОДУ ПЕТРА

Наверное, в Питере ветер по-свойски
Метет желтый лист вдоль пустой мостовой.
И мостик кривой, по-осеннему скользкий,
Согнулся дугой над тоскливой Невой.

И дождь, как всегда, ледяной, моросящий,
Купается в лужах, и бьется в стекло.
Осеннее небо – предвестник несчастий,
Раскрылось зонтом, но укрыть не смогло

Прохожих, спешащий на поздний автобус,
Возлюбленных, ищущих места для встреч.
Так движется время и крутится глобус,
И падают годы с согнувшихся плеч.

И память, как дождь моросящий, проходит.
Останутся вспышки сознанья едва.
И Питер холодный в ненастной погоде
Стирается в памяти день ото дня.

И только туманное чувство разлуки,
Как юности блики, болит иногда.
И только в порыве безрадостной скуки
Возникнет из памяти город Петра...

БЕЛЫЕ НОЧИ

Сиреневый воздух. Обводный канал.
Никольская церковь. Но день опоздал –
Остался один на широком мосту,
Как страж у ворот он опять на посту.
Подмога не скоро. Ночь утра белей,
И город стоит как в камнях Колизей...
Спит время как пьяница в белой ночи,
Забыв на скамейке от счастья ключи.
Вот утро проснулось, и воздух дрожит,
И город уже на ладони лежит...
Заря расцвела и раскрылась зонтом,
И блещет Исакий в дыму золотом...
Бледнеют полотна. И красок мазки
Чуть тронули неба седые виски...

Замерзли на асфальте лужи,
Покрылись тонкой пленкой льда,
И зимний город весь простужен,
Мороз на крышах, как слюда.

На перекошенных дорожках
Скользят прохожие домой,
И утро в новеньких сапожках,
Играет в пасьянс с зимой.

Фонарь качается на грани
Вчерашней ночи и утра,
Дома плывут в ночном тумане,
В далеком городе Петра…

Скамейка под широким дубом,
Сад за решеткой Корбюзье.
Прижались тесно мы друг к другу
В последний миг на той земле…

Такой рисунок на картине,
Не нарисованной пока,
Он в памяти живет поныне –
Сад, Питер, вечер ты и я…

Закат прорезался, вдыхая
Тяжелый запах площадей,
На голубой подстилке мая
Остался след былых дождей...
А на асфальте тают лужи,
Пуская в воздух пузыри,
И ветер, пляшущий снаружи,
Ждет появления зари…
И только мгла роняет хлопья
На шпиль старинных пирамид.
И эта жизнь его холопья
Под утро скукою болит.
Но в мире так все быстротечно,
Чуть тронешь – и в руках зола…
И только длится бесконечно
Кровавым отблеском заря…

Вот и встретились. Жаль, что во сне,
Сколько мечтала увидеться снова.
Сад на Фонтанке, готовый к весне,
Ветра шуршание. Только два слова
Мы и сказали друг другу. Вдали
Звезды блестели на небе погасшем,
И, отражаясь в Неве, как угли,
Ярко цвели над вселенною спящей.
Белые ночи еще не пришли –
Лета предчувствие в воздухе колком.
Память уснувшую болью прожгли
Лунных лучей ледяные иголки.
Зори восходят, будильник трещит.
Нам расставаться с тобой суждено ли?
Сон ли меня от тебя защитит?
Все это было, забылось… прошло ли?…

ГОРОД ИЛЛЮЗИЙ

Отвернуться, забыть и уйти в неизвестность.
Одиноко войти в мир убогий… нездешний,
Где лежит, как печать, незнакомая местность,
Город снов и иллюзий, давно опустевших.

Город легкий как свет, и как будто бестелый,
Очертанья размыты – он здесь – без прикрас.
Отражается старый фонарь равнодушною тенью,
Этот призрачный город я здесь вспоминаю не раз.

Только зритель один в опустевшем партере,
Свет вечерний погас на его площадях.
Я застыла навечно в чужом интерьере.
Город снов и иллюзий остался в дождях…

Город иллюзий. Ни света, ни тьмы.
Только мелькание тусклых свечей.
Правда ли. Ложь ли. Из всей кутерьмы
Слышится голос, но голос ничей.

Движется время по длинной кривой,
Лунные всплески – дорога назад.
Все-то мерещится свет над рекой,
Пристальный, вглубь проникающий взгляд.

Бог не услышал, сказал: «Подождем,
Время покажет, кто прав, кто не прав».
Годы не ждали, пролились дождем,
В осени этой конец угадав.

Вот и развязка. Снежинки, как пыль,
Где-то – таинственный свет, как тогда...
Жизнь протянулась на тысячи миль.
В тусклом мерцанье проходят года…

Невский, дождь. И в этом плаче
юность видится моя.
Ты ступи в нее. Иначе
посмотри кругом. Я плачу,
обнимая и целуя призрак
детского лица.

Ты приходишь в дом мой старый.
В нем – холодное тепло.
Боже мой, как это странно,
я целую неустанно
твое мокрое лицо.

Мы уйдем. За Летним садом
мост согнувшийся. И нет
рядом детства, и ограда,
как чугунная преграда,
словно тень прошедших лет.

Ты мне снился, поздно, горько,
улиц детства прежний лик.
Я хочу кричать, но только
из ночей бессонных сколько
шла к тебе на долгий миг.

И из города, где детство
без тебя прошло, и нет
возвращенья мне и места,
ты вернешься. Неуместно
ты в подарок мне протянешь –
запах детства...и билет…

Звонят колокола. Звонят. Собор Никольский.
Орган. Иконопись и витражи.
Плывут, плывут из детства миражи
По льду Невы, прозрачной ленте скользкой.
Спешат назад, где детство во дворе
Играет в куклы с дворничихой Катей,
И первый снег в венчальном, белом платье
Оставит след в моем календаре.
Витая роспись золотых икон,
И нищий мальчик просит подаянья.
И звон колоколов, как звон отчаянья,
Напомнит вдруг кому-то о былом...

Там над Невой серебром
Лунные диски дробятся,
Словно распято на пяльцах
Небо под острым углом.

Звезды летят в водопад,
Свет фонаря вечереет,
Город осенний темнеет,
В лужах плывет листопад…

Тень городская извне
Здесь, как и там, струится.
Мне искаженным снится
Питер в чужой стране...

Там змея копошится в траве,
Дождь стекляшками в воздухе талом,
Быть чужим на огромной земле,
Быть изгнанником вечно усталым
Суждено. Но не знаю зачем,
Если в Питере ночи как мел,
И мосты провисают дугой
Над текущею в вечность Невой,
Если в Питере снег выше крыш,
Если ты себе все же простишь,
Что тоска копошится в душе
И что жизнь – это просто клише.
А в Нью-Йорке и дождь, и тепло,
И узором размыто стекло.
Только это не Питер, не дом,
И чужие дожди за окном…

ЛУННАЯ СОНАТА

Луна, янтарная колдунья,
Глядит на нас тяжелым взором.
Ночным, волшебным полнолуньем
Весь мир расшит ее узором.

И город выкрашен картинно
В лилово-желто-черной гамме,
И тянется полоской длинной
Тот город в золоченой раме.

Перемешались краски с летом.
Еще на листьях свет не тает,
Но озарившись лунным светом
Струится грусть и в вечность манит…

Расплылись краски театрально,
Смешалось черное на белом,
И четкий диск луны печально
К земле прирос астральным телом…

Лимонный свет луны огромной
Не греет каменные плиты,
И в переулках луч забытый
Ползет как будто кот бездомный.

Мурлычет ветер под забором,
Перебирает струны прутьев,
И звезды мерно в пропасть льются,
К луне прикованные взором.

И в этой сине-желтой луже
Ночь копошится с ветром споря,
Сухая ветвь скрипит от горя,
К земле склоняясь неуклюже.

Лимонный свет, как тень нирваны,
Как сон, отправленный по почте,
Как свет, забытый темной ночью,
Сюжет бульварного романа...

И полумертвый, полусонный,
Луч засыпает в колыбели,
И тихо, чуть дыша, несмело,
Он, словно провод оголенный,

Вдруг вспыхнет и умрет как будто,
Погаснут лунные дорожки,
И только звезд сухие крошки
Исчезнут в облаке под утро…

Сон пришел, как чужие молитвы,
То неясный, то светлый как Рим,
То мираж, где в пустыне залитой
Серым солнцем, – песок, словно грим.

Сон тяжелый, в пучине веселья
Стала черной ночная луна,
Тонкий лучик, как будто с похмелья
Падал в бездну, до самого дна.

И бледнели дома, суеверный,
Сон густел, как в кувшине вино.
На широкой ладони вселенной
Жизнь крутилась, как ролик в кино.

В темном зале, уже опустевшем,
Где до звезд не достать и луны,
Лился свет, бледно-желтый, нездешний,
Приглашая в нездешние сны…

И проснуться казалось безумьем…
Испарялась по капельке ртуть…
Одинокая ночь в полнолунье
Мне пыталась в окно заглянуть.

В час, когда луна взойдет над домом,
Звездный свет погаснет на крыльце,
Ночь придет в наряде незнакомом
С бледною улыбкой на лице.

Будет тихо плакать та же скрипка,
Будут звуки, будто решето,
Небо прошивать косою ниткой
И от жизни уходить в ничто.

И как прежде, будет утро медлить,
В озере купаясь под луной,
По дорожке проплывая медной,
На волне качаясь голубой.

Не дождавшись соловьиной трели,
Сон спешит уйти в небытие,
И качает ветер на качелях,
Счастье мимолетное мое…

Мир жил как будто в лихорадке –
Знобило солнце, звезды, дом,
Трамвай проплелся за углом,
В какой-то качке непонятной.

В петле из гаснущих лучей
Повисло небо над Арбатом,
И в облаках из серой ваты
Считал созвездья казначей.

А в вечность уходил рассвет,
Лучи ложились сеткой красной,
Под голубой небесной маской
Тревожно таял звездный свет.

И время падало в закат,
Минуты торопились к дому,
А лунный свет в ночной истоме
Чертил, как стрелки циферблат…

BLOOD MOON[1]

Кровавая луна – лучистый шар в заплатах.
Пробившись сквозь поток, последний луч угас.
И красный дым в ночи – он за любовь расплата.
Играет солнце бойко в предутренний романс.

И отключились утром фонарики цветные…
Уже на крышах зори, разлитые как квас.
Луна меняет краски, уйдя в дела мирские,
В бокал, вином пролившись, кровавый диск погас…

---

[1] Кровавая луна

ГРОЗА

Только что в солнечных сетках
Мерно деревья качались,
Листья играли на ветках
Чью-то сонату печали,

И улетая все выше,
Звуки в пространстве витали,
Чтобы могли их услышать
Звезды на синей эмали.

Ну а потом зазвенели
Тонкие ветви деревьев,
Ветер построил качели
Из бело-облачных перьев.

Музыка стала мрачнее,
Звуки сражались с тоскою,
Небо, с утра вечерея,
Вдруг разразилось грозою.

Луна, как липкая медуза,
плывет в волнистых облаках.
И красным ломтиком арбуза
заходит солнце. Как монах,

стоит согнувшись дуб, на вечер,
набросив тень. Ночной мираж
утрилловский увековечил
лучами тонкими пейзаж.

На блюде сумерек осколки
от лунных бликов. Только мгла,
как будто острые иголки
с цветною нитью, в облака
втыкает, вышивая гладью,
то млечный путь, то звездный след.

Я над открытую тетрадью
склоняю голову. И нет –
ни легкости, ни вдохновенья,
ни грусти от наплыва чувств...
Лишь только раной откровенья
тревожит ночь дыханье муз...

Скучно зимним воскресеньем,
веет ветер откровеньем
засыпающего дня.
Ночь подходит осторожно,
стало в воздухе тревожно
от потухшего огня.
Полутени в лунном диске,
ночь спустилась низко, низко.
В вихрях снежного потока –
ночи зимняя картина:
у потухшего камина –
нераскрытый томик Блока.

ЗИМНИЕ ЗАРИСОВКИ

Какая ночь! В лицо дохнул мороз,
Замерзли горы в леденящих вспышках.
Закат тяжелый на ступенях вышил
Венок из рассыпающихся роз.

Прозрачной пленкой снег едва накрыл
Кудрявых крыш распластанное тело,
Сгорел закат, и небо потемнело
В холодной бездне гаснущих светил.

Вздохнули ветры, и пошла метель
Играть со снегом в дружеские прятки,
Оставив только белые заплатки
В календаре ноябрьских недель…

Зима в белой шапке и белой кольчуге
Кружится по снегу, как в замкнутом круге.
Играет метель на рояле сонату
О том, что за счастье несем мы расплату.

И два одиночества жмутся друг к другу,
И кружит метель по закрытому кругу,
И шепчется грусть с человеком неслышно,
Их шепот ложится сугробом на крышу.

Рассыпались звезды – алмазные льдинки,
Торопится вечер на чьи-то поминки.
Тоскливо и холодно в зимнюю стужу.
Зачем же зима над вселенною кружит?

Зачем одиночество с грустным партнером
Мелодии Брамса заучено вторит?
И, кажется, нет голубого затменья,
И слышится в вальсе задумчивом пенье.

Слагает метель свою грустную песню,
Как снежные хлопья летят в поднебесье.
А чувства растаяли в зимнюю вьюгу.
И мечутся строки по снежному кругу…

На ветках каплями лежит
Безликость воздуха морозного.
Земли дыхание венозное
В ладонях вечности дрожит.

Теснятся срубленные ветки,
Тропинка вьется в темноте,
Следы зимы едва заметны
В ночной белеют пустоте.

Еще на кончике смычковом
Играет музыка богов,
И плачут ветры за забором
Протяжной песнею без слов.

А тушью бледною расчерчена
Судьбы неясной кривизна,
И смотрит, скованная вечностью,
Тоска в усталые глаза…

В этот солнечный день на деревьях снежинки как пыль,
Расплескали лучи щедро свет свой дневной,
В небо врос высоко храма белого шпиль,
И в прозрачной воде отражается мир неземной.

И плывут, и плывут облака в голубую метель,
Где томительно плачет оливковый сон,
По отлогим ступенькам скользит ускользнувшая тень.
Это, значит, судьба к нам пришла на поклон…

Светлячками горят притянувшие свет фонари
На фарфоровом блюде заснеженных гор,
И осталось одна только ночь до последней зари,
И последний о жизни с Тобой разговор…

Так поведай, кто болью и гордостью был одержим,
Кто поверил, что прожил он жизнь без греха?
Здесь все кажется мне недоступным, чужим,
Как тот зимний пейзаж, припорошенный снегом
слегка…

ЗВЕЗДЫ

Холод в гранитном убранстве,
Сковано небо как сталь,
Плачет в сиреневом царстве,
Черная роза – печаль.

День увядает, закончен
Солнечных бликов поток,
Длинною, зимнею ночью
Ветер присел на порог.

Красные жилы заката
Небо прошили насквозь,
Вот и настала расплата –
Скатертью белой мороз.

Сук перегнулся дугою,
Врезался в море причал,
Черною ночью, глухою,
Смерть обнимала печаль…

Кто-то кричал в полутрансе,
Будто, кого-то он звал,
И уходили по трассе
Звуки в бездонный провал.

Ночь пробивалась сквозь сырость,
Тучи ползли по кривой.
Звезды, как божия милость,
Ярко взошли над землей…

СКАЗКА О СНЕГЕ

Бриллиантовое утро из снежинок проросло,
Глаз хрустальный ночи черной все еще глядит в окно,
Царь Кощей рукой костлявой гладит легкую метель,
Снег тяжелый вместе с ветром лепит зимнюю постель.

Разнаряженные куклы кружат в вальсе под гармонь,
И летит навстречу сказке с черно-белой гривой конь.
Я страницу за страницей перелистываю сны,
Строю белый храм из снега и незримые мосты.

Просыпаюсь, в белой шапке тает утро под окном,
И деревья нарядились в лед, расшитый серебром.
Странно все перемешалось – явь и сказка, сон и быль,
И в ладье из снежной пыли мир мой призрачный уплыл

В одинокое заснежье, в пустоту забытых встреч,
В никуда, откуда льется незнакомая мне речь.
Из цветных осколков время отстучало тишину,
И в незримую тетрадку я во сне стихи пишу...

За углом вечерний голос все бормочет о своем,
Месяц конусом точеным заглянул в дверной проем,
Осветил зеленым светом темной комнаты ночлег,
И метет, метет по свету легкой дымкой сонный снег...

Солнце едва показалось за тучей,
Дождь расхрабрился и плачет не зря,
День начинается вялый и скучный,
Белою тенью крадется зима.

Гибнет вселенная. Черная птица
В небе парит. И вокруг пустота.
Время застыло, и время стучится,
С чистого жизнь начиная листа.

Звуки умолкли, но музыка Баха
Все же звучит в отголосках грозы.
Окна прижались друг к другу от страха –
Цвета небесно-морской бирюзы.

Бледные лучики, будто бы звезды,
Небо раскрасили кистью творца,
Время бормочет о том, что не поздно
Жизнь сотворить, начиная с конца…

Как и в стихах, не дописывать строчки,
И многоточьем заканчивать песнь…
Не попросив на неделю отсрочки,
Жизнь принимать вот такою как есть…

Вырвусь из рук твоих цепких,
как из похмелья – в холод.
В четком профиле лепки
надвое мир расколот.

Жаром болею январским.
Голос твой без оттенков
снегом рисует в пляске
узкий профиль на стенке.

Руки гладят устало
сумрака темные сгустки.
Небо с отливом стали
в черном простенке узком.

Где-то метут метели,
где-то дожди по крышам.
Ночи легкое тело
пьяной тоскою дышит.

Вот луч, запутавшись в капкане,
Вверяет свет ночной луне,
Закат усыпан марципаном,
И холод тянется извне.

Заснежен город многоликий,
Рассыпан снег как жемчуга.
Дыханье ночи, ветра всхлипы –
Метет по городу пурга.

Но город этот нереальный
Вдруг почернел, как свет в окне,
В тяжелом зеркале овальном –
Бесцветный мир на полотне…

И те же ветры замогильно
Поют кантату в темпе вьюг,
И вечер, севера посыльный,
Уходит в ночь под этот звук…

Лежит, узорчат и уныл,
Зиме покорный тонкий иней.
В хаосе бесконечных линий
Восход закат предвосхитил.

Засохшей ветки легкий свист,
Прозрачной ткани воздух блудный,
И снег веселый, изумрудный,
Как пух на дереве повис.

Морозом сотканный узор,
Восходом розовым спаленный.
Лежит лазурь, и неспокойна
Поверхность девственных озер.

Оркестр, сводящий лес с ума,
Высокий, тонкий звук скрипичный,
И шорох снега непривычный,
Как в строчке легкие слова…

Снежинок гаснущих хрусталь
двоится в воздухе прозрачном,
замерзла на античной карте
мороза легкая печаль.

Струятся сонно в никуда,
сосульки по отлогим крышам,
как струны скрипки, провода
восточный ветр едва колышет.

Нездешний свет давно погас,
жизнь замерла на полустанке.
А сон и явь на узкой планке
танцуют предвесенний вальс.

А вьюга с ветром заодно
поет о том, что все напрасно,
под звук мелодии январской
луна и грусть глядят в окно…

Заговорилась ночь и по ошибке
Не уступила места для рассвета.
И шар земной, блестящий как монета,
Еще лежал в ладонях ночи липкой,

Когда рассвет стал пробиваться скупо.
В тумане гор молочного оттенка
Вздымалась утра голубая пенка,
И новый день просвечивал сквозь лупу.

Смешались представления границы
О жизни, смерти, времени рожденья.
И в запоздалом утреннем движенье
Прильнули к небу две забытых птицы.

А город спал. В сгущающейся мгле
Метались сны удушливо и жадно.
И падал снег. И падал беспощадно,
Холодным телом прикипев к земле.

Ночная успокоенность плыла,
Ее кружил спиралью тонкой ветер.
И сквозь узор заснеженный стекла
Размытый город был едва заметен.

Два силуэта прорастали сквозь
Бессонницы дымящую отраву.
И будто сталью припаял мороз
К холсту земли обнявшуюся пару.

Нарушая покой, чуть слышно,
Мелкий дождь барабанит в дверь,
И стекает легко капель
На покрытые снегом крыши.

Заостренным карандашом
Пишет ливень картину ночи,
И бессонницу мне пророчит,
Заглянув в окно нагишом.

Звуки дробью в пустой кувшин,
Где-то эхо пропело вяло,
И накрыл туман одеялом
Шапки горных, снежных вершин…

Скользкое, липкое, утро хрустящее
В землю врастает корнями венозными,
Страхом крадется, и в бездну летящее,
Падает снегом, венчает морозом.

Что-то далекое вспыхнет с рассветом,
Как этот миг, затерявшийся в быте,
Ветер и память гуляют по свету
Вместе с цыганской гитарой забытой,

С сумкой дорожной, где хрупкое время,
Сжато сухими корнями бессмертья.
Утру навстречу торопится смена –
День одинокий на карте столетья.

И от луны на дороге беззвездной
В небе остались лишь след полустанка,
Длинные тени, сухие полозья,
И предсказания старой цыганки...

Черная ночь – голубое пространство.
Снег возвратился из дальнего странствия.
Рядом прилег возле дома по-свойски.
Звезды плывут по поверхности скользкой

В мир зазеркальный, где нет им приюта.
Час утомленно считает минуты.
Скачет кукушка, пророчит начало
Утра, что где-то всю ночь ночевало.

И заметенные вьюгой незрячей
Строки ложатся в тетрадку иначе.
Холодно им, неуютно, тоскливо,
Буквы ползут по заснежию криво.

Сцены из сказки. Сугробы, как тени.
Голос причудливый вторит капели,
Строки знакомые слышу в метели,
Те, что вчера от меня улетели...

Мы вернемся, если будем живы,
Если к дому приведет Господь.

Иван Елагин

По комнате мечутся снежные блики.
В извилинах складок затеряны рифмы.
И памяти странно-скользящие лики
Звучат музыкально-замедленным ритмом.

Сон раненой птицей повис над вселенной.
Глаза, словно звезды, их взгляд неподвижен.
Две тени скрестились на белой постели,
Их шепот и шорох чуть в сумерках слышен.

Как мрачен дороги изогнутый стержень,
Едва освещенный безлунною ночью.
Но контур на стенке. И холодно сдержан
в морозных тонах чей-то профиль нечеткий.

И я возвращаюсь. По памяти скользкой,
По тонкому льду зазеркального детства
Спешу к незнакомому городу в гости.
Но память упрямо застыла на месте.

Как сморщилось утро, совсем постарело.
Осунулись улицы, лица прохожих.
И города сонное, легкое тело
На пропасти черное тело похоже.

А в сумерках тает янтарная лунность.
Как в кадре из фильма, бледнеют виденья.
Гуляет по Невскому старая юность,
Обняв голубое свое приведенье.

Прощаюсь навечно. И грустно, и горько.
Пора просыпаться, но тянет обратно,
Где память и юность, и детства осколки...
Все это куда-то ушло безвозвратно...

Мне это все приснилось по утру:
Свет фонаря, на набережной снег.
А я одна по городу бреду,
И на снегу мой одинокий след.

Воспоминанье. Детство. Юность. Дом.
Окно косое на глухой пустырь.
Здесь я жила. Вот лестничный проем.
Мой дом, как Соловецкий монастырь.

Иллюзии, загадочный мираж.
Скользит зима из сна в живую плоть.
А я взбираюсь на шестой этаж
Из завтрашнего дня в сегодняшнюю ночь...

Из коридора вьется дым сигар.
Воркуют две старушки у плиты.
На кухне закипает самовар.
А дядю Ваню ночью увели

В тужурке старой на косой покрой.
Я вижу его мятое лицо,
Когда вели из дома под конвой,
И кто-то бросил розу на крыльцо.

Погас фонарь. Закончилось кино...
На черно-белом желтая луна...
Так было с нами, но давным-давно,
Когда зима по городу мела...

Закрыты шторы, двери – на запор,
Танцует ветер танго на лугах,
И поцелуй холодный на губах
Застыл как наш последний разговор.

Пространство не измерить, не пройти,
Как слепит время, превращаясь в медь!
И жизнь моя на запасном пути,
На той стоянке, что зовется – смерть.

Вечерний снег запорошил порог.
Как перейти последнюю черту?
Но даже если завтра я умру,
Я прожила мне отведенный срок…

Птицы по небу летят, а их крылья из стали.
Ветер срывает с деревьев осенний парик.
Листья затихли и будто шуршать перестали.
Плачет ребенок и тихо смеется старик.

Громко скрипят на весу вечерами качели.
Ветер за окнами водит скрипичным смычком.
А на рояле бренчат бесконечно метели.
Вяжет зима кружева деревянным крючком.

Холодно небу под тонким ночным одеялом.
Стонет тоска, и печалится в клетке скворец.
В вазе холодной стеклянные розы завяли.
Старый цыган нагадал, напророчил конец.

Улицы тонут в размытых мазках акварелей.
Розовый луч затерялся в палитре цветов.
Хрупкое солнце растаяло в снежной постели.
Молятся люди и просят прощенья Богов...

Кажется, будто бы мир вдруг застыл в ожиданье.
Реки замерзли, и в сталь превратилась вода.
Тайнопись памяти, с прошлым навеки прощанье,
Вспышка сознанья – последний полет в никуда...

Образы сварливые зимы
Отступают в штормовую слякоть.
Может быть, пора весне заплакать
И пролить холодные дожди?

Может быть, пора забыть миндальный,
Терпкий запах полевой травы
И уйти в свой странный мир, астральный,
От земной холодной суеты?

Может быть, прошла пора мятежной
Лунного затмения игры?
День длиннее, ветра запах нежный,
Словно вкус березовый коры.

Может быть, весна мне не поможет
Отогреться в солнечных лучах.
Холод забирается под кожу,
Как зимы уже прощальный плач.

Но свеча дрожащая погасла,
Воск стекает ртутью янтаря.
Может быть, я прожила напрасно
От бескрылых дней до января?

На грани раздраженья и досады
Сменяют осень заморозков всходы.
И падают на колкие ограды,
Как снеговые хлопья, наши годы.

ПРОСТУДА

Не спится ночью.
   Душная зима.
И под ногами
   Кружится земля.
Шаги к двери –
   стена идет к стене.
Озноб – ожог
   в горячем январе.
Ночные тени –
   им опять не спится.
Узор обоев –
   лоскуточек ситца.
Часы ползут
   от вечера к утру.
Я лета тень
   со стенки не сотру.
Зеленой ветви
   движется пятно.
И кашель бьет,
   как будто ветвь в окно.
Сосулек звон –
   звон бьющейся посуды.
Январской ночи –
   зимний стон простуды.

Я перемен боюсь. И близость снега
меня пугает мрачной белизной,
когда летит с разверзнутого неба
с дождем смешавшись. Старый летний зной
давно забыт. Усталость спит у ставень.
Сырая влага проникает в речь.
И сон, мой летний сон, меня оставил.
И вдохновенной осени предтеч
всего лишь память несожженных писем,
как день, который ночью был осмыслен,
и вымысел, который не смогла
я воплотить. И вновь, из-под пера
рождаются стихи. И в лихорадке
у творчества украдена украдкой
не белизна тетрадного листка,
а зимняя, щемящая тоска.

ИЗ ЦИКЛА
ВОСПОМИНАНИЯ

Палитра красок голубых
уводит в густоту чернил.
Сторожевой ночной патруль
мосты над Сеной перекрыл.
Вдруг стихло все, и замер гул.
В провале ночи, в тайне звезд,
В уединении светил
взошло ненастье на помост,
и ночь в предутреннем венчанье
скрестила вздохи в глубине.
Так все еще болит во мне
воспоминанье...

СТРАНА «ВОСПОМИНАНЬЯ»

Горький запах
теплой свежестью
охладил лицо и тело.
Память как бы потеплела
под лучами зимней нежности,
вышивая легким шепотом,
на экране бело-шелковом
и закаты, и рассветы,
странно канувшие в Лету.

Стало страшно, как улитку,
я толкаю память в пропасть.
Прошлое… никто не спросит,
не узнает…. Я накидку
опущу на то, что было…

Утро в чайнике остыло…
Разноцветные осколки
улеглись на пыльной полке
отголосками сознанья
из страны «Воспоминанья».

Сухая пыль с ночных светил
Слетала на уснувшие владенья.
Холодный свет и вечные сомненья,
Как этот мир бездушный опостыл!

И Вы, и я. И эти купола,
Их древний вид. И странное смятенье,
И эта память, ставшая лишь тенью, –
Пустой сосуд, разбитый пополам.

Исчезла ночь в таинственных строках.
И кровь бурлит, и день – ее кипенье.
Но только муза, только вдохновенье –
И таинство ночей, и дрожь в руках.

Уснула земля, и свет заоконный погас,
И песни умолкли в чужой колыбели снов,
Засохшие листья покрыли дорожный атлас,
И дождь барабанит по крыше мне азбуку слов.

Загадочный мир опускает завесу времен.
И завтра становится явью вчерашнего дня.
Проснулась сегодня, не зная, что было вчера,
Пытаясь дознаться, что было и будет потом.

И шепчутся звезды – забытому сбыться дано.
Прапамять мне дарит на память от детства ключи.
И я вспоминаю о том, что случилось давно,
Как тень, отражаясь от тающей в воске свечи.

Мы прожили жизни, а помним всего лишь одну.
Мы чувствуем ветер и слышим забытую весть,
Сонату о смерти, о жизни прошедшей молву,
И сыгранной лунным оркестром последнюю песнь.

Вот и кончился день, чуть овальный и емкий.
Он с луной пересекся, в ее отразившись лучах,
Он разбит на часы и на звездные чудо-осколки,
На кристаллики счастья, которые снятся в мечтах.

В фиолетовом небе бездомные звезды-скитальцы, –
Они учатся плавать, по небу летать.
Это муза луну натянула на пяльцы,
Чтобы вышить крестом океанскую гладь.

День остался в стихах, стали сумерки шире,
Стало явное – тайным, а вечным – момент.
Мои строки стихов в безвоздушном эфире –
Только вспышка сознанья,
Из жизни прошедшей фрагмент…

Острова моей памяти, будто кристаллы,
вплетенные в легкие ткани минут,
когда где-то тебя еще любят и ждут,
и тебе еще нужно от жизни так мало –
привкус осени с солью на липких губах,
поцелуй снежных хлопьев, и взмах
белых крыльев, и долгий полет в никуда,
где рождается ночью из снега зима,
где весна за горою живет и томится,
и строка вышивает в тетради страницу.
Но растаяло солнце за тонким стеклом.
Жизнь на финишной ленте. Два шага вперед...
Тает память, как снег, на развилке дорог.

Вот так и живешь, где-то друг, где-то враг.
Шаги остывают на твердом асфальте,
И сучья хрустят на деревьях как пальцы,
Когда от тоски их сжимаешь в кулак.

Вот так и идешь, то вперед, то назад,
Торопишься жить, оглянуться не смея,
За ширмой вчерашнего – выжженный сад
Веками стоит, на ветру каменея.

И только холодные тени растут,
Домой возвращаясь по лестнице узкой,
И время застыло, согнувшись от грусти,
Уже не считая часов и минут…

В пути – остановка, последний вокзал.
В себя заглянуть, разобраться в хаосе?
А память уходит, и кто-то вдруг спросит:
«Жизнь снова начать?»… Но ответ опоздал…

Склонилась солнце низко, ниже клена,
И запах мяты в воздухе густом,
Как одиноко, если даже дома
Лежит печаль уродливым пластом.
От дуновенья ветра пляшут шторы,
На стуле чья-то выцветшая шаль.
И было все: и благодать, и штормы,
Любовь и Бог. И все же очень жаль,
Что ночь придет, и не заплачет скрипка,
Не проворчит расстроенный рояль,
О том, что грусти тоненькая нитка,
Прошила жизнь, как ту чужую шаль…

УТРО В ПАРИЖЕ

Над Парижем было небо светлым.
Зимний год отсчитывал минуты.
И стояли тяжестью согнуты
Каменные боги над рассветом.

Над землей кружилось время сонно.
Как лились нездешне наши речи!
И спадали холодно на плечи
девственные локоны мадонны.

Снег летел из сна и перламутра.
Ежился невстреченный прохожий.
Было чистой памяти дороже
Нежным снегом сотканное утро.

УТРО

Ночью съежилось время в комочек.
Только тень от луны на полу.
Будто кто-то оставил подстрочник
На страницах судьбы. Поутру
Выползают минуты из норки,
Превращаясь в часы на стене,
Тени прошлого, будто осколки,
Бродят все еще в утреннем сне.
Кто-то в дверь постучался чуть слышно,
Заскрипел половик. Не спеша –
Ветер крылья расправил. Всевышний –
Где-то рядом, где плачет душа.
Обернувшись прозрачною шалью,
Ночь плывет по небесной реке,
Будто скованной серою сталью,
Унося лунный свет в рюкзаке.
Просыпаешься. Дождь барабанит,
Расползаются капли в ручьи,
Новый день за оконной рамой
Мне протянет от счастья ключи…
Загорелое солнце мулатке
На плечах расправляет платок,
И напишутся утром в тетрадке
Двадцать пять недописанных строк…

Мундштук. Сигарета.
Я в локонах дыма.
Так будет. Так было.
Мундштук. Сигарета.
Ах, если б так было!
Я в облаке дыма.
Сиреневый пепел.
Сиреневый вечер.
За окнами бродит
По городу ветер.
Я в локонах дыма
В сиреневом свете.
И кто-то подносит
Огонь к сигарете.
Я помню. Так было.

Я стою на балконе.
Стемнело.
Ночь лежит на ладони.
И память.
Зимний ветер играет
На струнах ночной
Тишины.
Ночь уходит.
И звуки шагов
Не слышны.
Скоро утро плеснет
Розоватую краску
На мир.
И исчезнет таинственный
Миг бытия.
И не я,
Осторожно с ладони
Стряхну
Вдруг затихшую память,
А ветер…

ПЕРЕД КАРТИНОЙ «У КРЫЛЬЦА»

Захлестнуло. Заполонило.
Это было со мною. Было.
Свет в окне – свет в моем окне.
Солнце плавится на стекле.
И теплеет мое плечо,
И щекам моим горячо.
Дом, крыльцо, за крыльцом – ограда.
Больше мне ничего не надо.
Захлестнуло. Заполонило.
И прошло…словно детство…
Мимо…

С легкостью бестелесной
качусь по скале отвесной
без криков, без слез, без ропота –
шепота за спиной не слышать бы,
топота.
Выжить бы, устоять над обрывом.
И взрывом
блеснуть над миром,
молнией ударить в самую сердцевину,
сердце твое поразить,
а потом поджечь и кинуть,
как ты меня – под откос,
с букетом горящих роз,
цвета граната, спелого сока,
и томиком синим Блока –
на память.

К.

Я оглянусь. Все небо в серебре.
Вы вспомните, наверно, обо мне –
Один, в ночи, у зимнего камина.
И сердца жар, как красная калина,
Оставит след кровавый на ковре,
Напомнив вам, наверно, о тепле
Моих восторгов так неумолимо.
Прошепчет ночь, едва, неуловимо,
О том, что все проходит на Земле…

Маме

За окном тополь красный роняет листья.
Одиночество горькой судьбой мне снится.
Выступает из тени женщина в белом – Армани.
А мне чудится снова, что это приходит мама.
Я с тобою всегда вне разлук и вместе.
Спой мне ветер мамину песню.
Спой мне, детство, о сказках с хорошим концом,
И о женщине с маминым светлым лицом.
Я к разлукам привыкла, в них черпала силу.
Только ночью мне снится ее голубая могила.
Я к тебе за советом приду и заплачу
О тебе, и что жить не могу иначе.
Я когда-нибудь тихо угасну тоже.
Как судьба моя на твою похожа.

Маме

Мы не успели попрощаться.
Погасли звезды. Ночь всплыла
Из черной беспредельной массы.
Кричали птицы до утра.

Ты уходила горько, стойко,
Обняв всю безысходность сна,
Ты засыпала. Скальпель тонкий
Прошел по сердцу, вглубь тебя.

Мы не успели попрощаться.
Слова охрипли, словно плач.
Тебя, в твоем вечернем платье,
Я буду хоронить опять…

Сегодня, завтра, каждый вечер,
Листая старенький альбом,
Я буду вспоминать сердечный,
Последний, долгий разговор.

Из глубины моей печали,
Из мрака черных летних гроз,
Мы нашу память увенчали
Букетом облетевших роз.

Маме

Поздний вечер. Тихо сон вздыхает
На подушке рядом каждый час.
И звезда над домом догорает,
Как тогда, когда в последний раз,
Я склонилась низко над кроватью,
Прошептала: «Помолись о том,
Чтобы утром голубое платье
Ты одела к Богу на прием».
В белом врач, как будто бы Архангел,
Грустно заглянул в твои глаза,
И метнулся в небо белый ангел,
И скатилась по лицу слеза.
Мама, почему не длилась вечность?
Почему она – всего лишь миг?
День, опять состарившись, поник –
Даже он, как время, быстротечен.
Кажется, что мир сошел с ума,
Ночью без тебя – пуста квартира.
Только время память поглотило,
И виски покрыла седина…

Я нежность окутаю белым молчаньем.
Замажу масками косыми Ван Гога.
Прощенья спрошу у себя и у Бога.
Пред щедростью Вашей зажмурю дыханье.

Полет в безнебесье, где взлет, как паденье.
Лучи не осветят, и звезд не достану.
Пред Богом виниться, коль в пропасть не кану.
Я в памяти Вашей останусь лишь тенью...

Возвращаются
            чувства
и мысли
            так неистово,
немыслимо.
            Мысленно
Снова бреду
            в старом саду.
В старом саду
            брожу,
Как в бреду,
            бессмысленно.
Вспоминаю
            каждый изгиб,
излом,
            каждую улицу,
дом,
            а потом
обрываются
            мысли,
как сон.
            И снова –
знакомая улица,
            дом,
а в нем –
            воспоминания,
как заслон
            от обыденности.

Мне всё вспоминается утром и ночью
Сгустившийся образ оборванной тучи.
Я видела мистику неба воочию
И черного света больные излучья.

Я видела сны, как реальные пятна,
Как будто на солнце блестела монета.
И было так странно, и так непонятно,
Что память, как вспышка забытого лета,

Как ветер, срывающий талые листья
Навстречу ненастью, природе в объятья.
Я с памятью в прятки играю, и мысли
Цветными осколками в душу ложатся.

ВОСПОМИНАНИЯ

И уносит девический след
Башмачков одиноких назад
Сквозь сегодняшнее-завтрашний ад,
Прямо в молодость, в Летний сад.
Ирина Одоевцева

В широких складках –
походка узкая.
Согнувши плечи
под тонкой блузкою,
иду навязчиво,
иду на встречу.
А в тучах черных
запрятан вечер.
И дождь осенний
Готов пролиться.
«Ну, здравствуй, – скажет, –
пришлось нам свидеться».
И вздрогнут плечи
под тонкой блузкою,
и протяну ладонь я узкую,
ладонь холодную,
совсем чужую,
и прошепчу в ответ:
«Я так тоскую
по тем местам,
где тени прошлого,
где Летний сад
покрыт порошею,

где было детство,
и снова юность
опять со мной
сюда вернулась».
А ветер станет
как будто крепче
Я зябко кину
платок на плечи.
«Ну, как живешь?» –
спрошу.
В ответ – молчание.
Что это – сон?
Воспоминание…

СУМЕРКИ

«…Я бы хотела жить с Вами
в маленьком городе,
где вечные сумерки…»
Марина Цветаева

Как день медлителен и долог,
И ночь бледнее, чем закат.
Как образами сон богат,
И гасит Млечный путь астролог.

От дуновенья ветра в сон
Клонится над рекою ива,
И лунный луч чуть-чуть игриво
Танцует танго под шансон.

Над кладбищем летает ворон,
По небу тучи, как ужи,
Ползут – бумажной пены ворох
Во след потерянной души…

А я опять борюсь с тоскою,
Беспечный сон – мой друг и враг,
И только сердце успокоит
Безлунной ночи синий мрак…

И море бывает грустным,
И небо бывает усталым,
А одиночество тусклым,
Как облако за туманом.
Оно приходит с повинной,
Когда наступает лето.
Присядет на стул невинно
И ждет от меня ответа.
Я в дружбу с ним не вступаю
И обхожу стороною,
И отступая к краю,
Воздушных замков не строю.
Оно со мной дружбу водит
Уже вторую неделю,
Тенью чужою бродит,
Судьбу свою с горем делит,
Ко мне стучится под вечер,
Подругой летит под утро,
А мне просыпаться вечно
Одной в холодное утро.

НОЧЬ

Нахмурились сумерки, выкрасив город
Лиловыми красками с черной каймой.
И месяц надломленный с тучкою голой
Танцуют фокстрот на платформе земной.
Но краски густеют, и темно-лиловый
Становится серым, чернея слегка,
И кажется небо в закате – багровым,
Как будто бы туча на город легла.
Так ночь наступает, и в целой вселенной
Зажмурились окна, зажглись фонари.
Разбуженный ветер, холодный, осенний,
Гуляет по свету до самой зари.
И ночь притаилась, свернувшись в калачик,
На кресле пустом примостилась бочком,
А дождь за окном то смеется, то плачет,
И падают листья на землю ничком.
Я сплю и не сплю, я читаю газету,
Настольная лампа шлет лунный поток.
А время гуляет по белому свету,
Мотая минуты, как нитки в клубок.
Седая старушка из тоненьких ниток
Нанижет на спицы холодный рассвет,
И солнца серебряный, радужный слиток
Оставит на небе сиреневый след…

Он придуман художником –
серый рассвет.
Вот и снова на время охота.
Две горячих руки –
Еще утро хранит теплоту
наших бед,
ваших польских кровей синеву,
серебристость соснового пота,
две неровных строки,
ненаписанных мной,
виноватой улыбки тревогу.
Все осталось не с нами.
Все стало игрой –
мелкий дождь,
непрощанье,
прощенье,
дорога.

Неслышно падает звезда
На обессиленную землю.
Я тишине ночной не внемлю.
Здесь в целом мире – ты и я.

Покой проложит свет в ночи.
Дороги лунной путь двоится.
Не говори. Мы помолчим.
Пусть этот миг для нас продлится.

Но в этом таинстве судьбы
Рассвета даль не различая,
Я вижу тень другого края
И след затерянной звезды.

МЕРТВОЕ СОЛНЦЕ

Многоголосое цветенье звезд –
убранство изумрудами. Жара
на августовский душный пост
надела с нитью черной кружева.

Но просочился холод сквозь Босфор
из царства мертвых. Мертвенная тишь.
Молчит природа. Только ветер-вор
спешит упрятать звездный свет в камыш.

Из царства Кимирейского плывет
такой тоской зеленый полусвет.
В игре теней дробится звездно лед.
Под мертвым солнцем – черный мертвый свод,

И белизна неосвещенный лиц,
полутонов безликих карнавал.
И солнце мертвое – чернеющий опал
в овале провалившихся глазниц.

И только ветер, то легко, то круто
швыряет мглу из черной пасти утра...

Т.К.

Все та же комната повернута углом,
где краски преломляются в пространстве.
Осенний луч, с дневных вернувшись странствий,
затих в себе, в дверной уйдя проем.
Я думаю, как часто недоступно
понять нам то, что кажется простым.
А дождь идет, стуча по крыше скупо,
как будто чувством угадав шестым
всю тягостность пустого безрассудства,
невысказанность видимых причин.
Как в эту осень вкрапленные чувства,
я думала, что ты легко раним.
Но ночь сфальшивила, ускорив ритм событий,
подлив отраву в травяной настой,
наполнив комнату космической тоской,
и каждый нерв, болящий по наитью,
и каждый недосказанный совет,
непринятый, процеженный сквозь сито,
и как-то странно, будто деловито,
тобою вдруг оборванный сонет.

Брожу по улицам.
Тупое одиночество разлук
в прищуре сумерек, вокруг
проходят тени по холодным лицам,
безликим лицам города чужого.

Я думаю, в чем зыбкость наших чувств,
о невозвратности,
и в чем ее основа.
Шаги, шаги…
след в каждой клетке слова.

Сосуд разбитый пуст. Свобода.
Воздух льется в кровь,
пьет одиночества прохладу.
И, кажется, что ничего не надо…
Всего на миг вернуть твою любовь…

Ты растворился где-то в глубине,
на самом дне душевного смятенья,
и, завернувшись в черную парчу,
я в дом твой летней ночью залечу,
живою, теплой и чужою тенью.

Я вижу очертания картин,
твой силуэт за горькой чашкой чая,
и ты один, и ты совсем один.
Как в этот миг я по тебе скучаю!

Спиралью вьется дым от сигарет,
на стол в раздумье ты роняешь пепел,
и женщины, которой рядом нет,
на стенке ночь скульптурно профиль лепит.

Ты чувствуешь движение гардин,
за ними — тень, и горечь ощущая,
я знаю, ты один, совсем один.
Как в этот миг я по тебе скучаю!

РАССТАВАНЬЕ

Руки стиснуты от боли,
как в неволе,
      на прощанье.
Руки тянутся навстречу,
встречи ищут
      в ожиданье.
Руки мечутся в тревоге
на пороге
      расставанья.
Руки скрещены в обиде
в виде
      белого креста.
Руки молят о пощаде
      у исчадия конца.
Руки замерли
      в безмолвье,
разомкнулись,
      опустились.
И шагов беззвучных шепот:
      «Не простились…
не простили….»

Вечер. Тихо. Где-то рядом
волны шепчутся с луною.
В сумерки врастая болью,
в странном голубом наряде
океан к ногам струится.
Как подстреленная птица,
на песке раскинув крылья,
тень крадется сонно, сонно.

Вечер. Тихо. Отрешенно –
я, как эта тень пустая,
отражаюсь, пропуская
сквозь себя и боль, и время.
И раскинув руки, ленно
я к ногам твоим ласкаюсь
мысленно, как эти волны, –
унизительно, безвольно,
как отверженная птица…
Каюсь. Каюсь…

ОЖИДАНИЕ

Какая четкая печаль
мне разграфила вышиванье.
Опять расстроенный рояль
сгущает время ожиданья.

Я не ищу забвенья в сне.
Я просто жду, ломая пальцы.
Звучит рояль. Живет во мне
душа, распятая на пяльцах.

ПИСЬМА

И время казалось куда-то уплывшим в пространство,
То сбившись в комочек, то крылья расправив, летело,
То вдруг распластавшись, как черное, длинное тело,
Вертело часами и двигало стрелки напрасно.

А письма, как птицы, кружились с утра в поднебесье,
В бумажных конвертах с глухою почтовой печатью,
И вечные странники, низко склонившись к распятью, –
Слова от любимого – к бывшей подруге-невесте.

Размылись дождями и ночью на землю пролились
Часы и минуты, сокрытые вечной печалью.
И ангел бескрылый, укутавшись черною шалью,
Заглядывал в сны, что над ивой плакучей склонились.

Но нет адресата, он умер, письма не дождавшись.
Его не щадили ни время, ни ангел крылатый.
И только любовь, не считая себя виноватой,
Томилась о прошлым, к беззвездному небу
прижавшись…

Я исчезну, а ты останешься,
И твое голубое тело –
В этом мире, где ветры плачут,
Где больная, старая дева
Сны в коробочку старую прячет.

Я исчезну, а ты останешься.
Я исчезну за горизонтом.
За оранжевым, спелым садом,
Под большим, серебряным зонтом
Я познаю смерти усладу.

Я исчезну, а ты останешься.
Здесь, с картины, из рамы узорной,
Над чужим, потухшим камином
Буду я бросать тебе взоры.
И жалеть, что исчезла дымом.

И осталась лишь тень над камином…

Быть может, я тебе не нужен...
О. Мандельштам

Когда по клавишам пройдет
ознобом звук окостенелый,
змеиной легкости полет
мое раскованное тело
почувствует, и камнем в грудь
войдут назойливые строки:
«Не нужен я тебе, забудь,
найди свой путь, свои истоки».

Клубится за окном метель,
роняет снег узор крылатый.
И только небо виновато,
что в снежном холоде постель
расстелена. И в наготе
мой мир усталостию сужен.
И в этой зимней суете
ты мне, наверное, не нужен.

ПРИ ЛУННОМ СВЕТЕ

Наши ссоры и наши печали,
Как лучи, разбежались по полкам.
И при каждом ударе колком –
Лунный свет на предельном накале.
Словно небо пронзивший ток
Наших душ, освещенных извне...
Каждый луч воскрешает во мне
Не сложившийся ритм строк...

Разрушается лунный диск
В треугольном вечернем свете...
У судьбы моей на примете
Мной воздвигнутый обелиск –
Справедливости наших ссор,
Погрешимости двух сплетений...

В лунном свете слились две тени
Всем светилам наперекор.

Я опять у судьбы в капкане,
Словно дикий, степной зверек.
Пусть любовь моя в пропасть канет,
Ты один ее не сберег.
Помню только холодную мглою
Был окутан Михайловский сад,
И своей холодной рукою
Ты водил по моей наугад.
Мы молчали, молчанье длилось,
Только слышался сердца стук.
Этой ночью опять приснилось
Мне касанье холодных рук…

День уходит кошкой, крадучись. Ночь близка.
Над деревьями склонилась низко черная тоска.
Я с бессонницей беседую, раскрываю тайны суть.
Я с бессонницей подруги – ей и мне – нам не уснуть.
У нее глаза кошачьи, складка легкая у губ.
Волосы под черной шляпкой и дрожанье тонких рук.
Ты бессонница иль муза? Я кричу, я ей шепчу.
А она плывет по кругу, как по лунному лучу.
Далеко уже за полночь. Звезды в облачной парче
Наблюдают мир бездонный, ворожат, дрожат в окне.
И строка на белом фоне кажется длинней, чем луч,
Я пишу за строчкой строчку. Оттого ль мне не уснуть?
Вот уже рассвет стучится – в дверь. И снова на полу
Шляпка черная, как птица, дремлет тихо наяву.
Я с бессонницей подруги, только с музой не в ладах,
Уплывают строчки с ночью. Нет и им пути назад.
В изголовье, на подушке испещренная тетрадь.
Не бессонница, а муза не дала мне ночью спать.

ОФЕЛИЯ

Кто прошел вдоль лучей, искажаясь,
Отражаясь в кривых зеркалах, как Офелия, тая
на пороге желаний или бледного мая,
утонув, все еще вороша то, что было и будет?
Но уже остывает душа. Кто любил, тот и первый
забудет.
Ни признаний, ни плача – только в черной воде
пузыри…
Не дожить до зори…. Не пройти по кривой,
оставляя исчезнувший луч за собой…
Только звезды не светят в пространстве пустом.
Что оставить родным и друзьям на потом?
Кто на помощь придет? Или пулю в висок?
Строки писем забытых и белый, сыпучий песок?
Только память болит и зовет на восток…
Остывает на солнце озерная гладь. Как узнать,
что нас ждет, как узнать? Тонет зарево в чистых
прудах…
И Офелия тонет опять, отражаясь в кривых в зеркалах…

ЗА ЧЕРТОЙ НЕВОЗВРАЩЕНИЯ

Искусство лгать – искусство пить
до дна доверчивость чужую...
На улице весна, и жить
хочу до звезд, напропалую.

А ложь, как бред, не предает
Лучей прозрачную готовность
разжечь, расплавить лед и пить,
и пить глотками неуемность.

Слова-дожди и чувств поток
не опрокинут ужас встречи.
Душа расцвеченный платок
Небесной росписью на плечи

накинет. И порозовев,
польется свет истоком сложным,
как будто бы из пасти лев
дохнет возвышенную ложью.

И растворится жизнь как прах,
развеется по преисподней.
Нет завтра. Нет вчера. И страх
войдет в прошедшее сегодня.

В красивой комнате окно
манит тревогою объято...
А на дворе ночная грусть
на лунной ниточке распята...

Я открываю для себя
метанье утвержденных истин,
и колебание дождя
в осеннем водопаде листьев.

Я отрываю от себя
конями вросшую привычность —
то отражаться от огня,
а то гореть, и единичность,

как одиночество, близки
в созвучности корней и смысла.
В изгибе тонкого мазка
линейность чувства бескорыстна.

Я открываю каждый день
дверь в тайнопись воспоминаний.
И вижу — жизнь всего лишь тень,
а память — вымысел сознанья,

как ель, истекшая смолой,
сухие ветки в парке старом.
И мы, увлекшись вдруг игрой,
так мало думаем о малом:

о том, что день давно погас
в осеннем водопаде листьев,
и Бог нас от себя не спас,
в блуждающем хаосе истин.

Обыденность и быт –
истоки нисхожденья
от долга в долготу,
от взлета к пораженью,
трагедия – конфликт
духовности и быта,
взгляд сердца в пустоту –
и памятью размыты
движенья душ и рук
от вечности к забвенью.
Проснись, взгляни вокруг!
Есть точка восхожденья
от пропасти к огню,
луне, лучам, лучине,
любви, где жизни нить
протянута к вершине.
Есть страсть,
есть взлет,
есть Бог,
есть творчество,
творенье,
дверь, улица, порог,
и к смерти восхожденье,
трагедия конца
у белого причала,
и правда мудреца,
что в смерти есть начало.

КРАСНЫЙ КАРЛИК

Когда-нибудь из мира тишины,
из вечности, где солнце истекает
лучами красными сквозь небо,
как сквозь кожу,
ночь, обернувшись днем,
а правда – ложью,
разверзнув пропасть, поглотят Версаль
и солнечные улицы Тосканы.
И будет жаль,
до черной боли жаль
сады и солнце, что навеки канут.
И красный карлик в отсветах зимы
оставит шрам на опустевших сводах,
и будет падать снег из тишины,
угасшим эхом раненой природы.

Отчего стареет сердце,
на руке, как борозда,
пролегла морщина смерти,
смотрит ночь тебе в глаза,
опустилась занавеска,
словно белая стена,
маюсь, не найду я места,
как скрипичная струна,
ветер плачет за забором,
жизнь спешит закончить бег,
смерть глядит тяжелым взором,
сколько мне осталось лет,
промелькнула жизнь, как миги,
птицей в сломанном гнезде,
не поставив точку в книге,
прожила как в страшном сне…

Здесь звук шагов печален как сонет,
Тяжелый снег набросил тень на свет,
Затеряна в пространстве временном,
Летит душа, как птица за окном.
Пылинкой легкой улетает в путь
Изведать неизведанную суть,
Познать судьбу, как на чужом пиру,
И возвратиться в дом, где я живу.

Я задержу дыханье вод
своим дыханьем быстротечным,
вспугну лучей водоворот
неудержимо-долгой речью,
надену облачный халат,
расшитый красками обиды,
на палец – в золоте агат,
подарок солнечной Колхиды.

Я – сон. Я – явь. Я – тень. Я боль,
как влагу впитываю в душу
страдающих. Ты мне позволь
пристать, как тонущему к суше,
Господь, я так устала жить
в пространстве лунного затменья,
пошли луча живого нить
в подарок мне для воскрешенья.

Но солнце спит, и тонет снег
в небесной массе, и на землю
летит, как будто человек,
расшил узорами вселенной
огромный мир, и как огонь,
как тяжесть неземного груза,
тоской ложится на ладонь
моя несбывшаяся муза.

ЗА ЧЕРТОЙ НЕВОЗВРАЩЕНИЯ

У каждого своя судьба
начертана на звездной дате,
а я пою о невозврате,
о том, что мне не пересечь черту,
черту невозращенья,
и что умру,
не попросив за все грехи свои
прощенья,
и что творенья ремесло
меня от боли не спасло,
и не достигнута вершина
всего на два, на два аршина.

Украдкой оглянусь назад:
быть может, там таится ад,
за той чертой невозвращенья,
где все остались непрощенья,
непонимания аккорды,
где перерезана аорта
в движенье к счастью,
и над властью,
над Божьей властию не властна
судьба, которую напрасно
переломить пыталась я.

По острию, по срезу бритвы,
шепча забытые молитвы,
через черту переступая,
иду вперед, не сознавая,
что в тайне вечного движенья
есть элемент невозвращенья.

Мне так давно не всё равно
произнести какую клятву,
глядеть на мир через окно
и раскаленною строкой
чертить придуманную карту,

слова, сгорающие вдруг,
едва успев сложиться в мысли,
очерченный неровный круг
лучом, как обгоревшей кистью.

Устав от солнечного сна,
от строк, дымящихся от гнева,
опять расплавились слова
в строке сплетенной неумело.

Мне так давно не все равно
какие жизнь колдует козни.
Проснуться ночью и в окно
глядеть на гаснущие звезды,

на клавиши из белых туч,
под солнцем выжженные травы,
на вьющийся зигзагом луч,
и строк обугленных начало...

СЛОВА

От первой строчки до последней
Слова, как стрелки циферблата,
Бегут по корпусу вселенной –
И им обратно нет возврата.

Что было сказано однажды
Врагу ли, другу ли, иль брату
В пылу, в горячности – неважно,
Но им обратно нет возврата.

От точки смерти до рожденья
Они останутся надгробьем,
Иль пылью в облаках вселенной,
Иль только жалости подобьем.

Так письма пишутся напрасно,
Читать их может встречный каждый.
И южный ветер громогласно
Всем тайну вечную расскажет…

Так не бросай слова на ветер…
Не жди, когда придет расплата,
Их путь судьбой давно намечен,
И им обратно нет возврата.

Я только набросаю на листе
изгиб тех строк, что в нас влились извне.

Часы за полночь уводили бег
сердец, стучавших в разных измереньях.
И обжигал теплом осенний снег,
и растопляло боль в прикосновеньях.

С рассветом все светлело – ночь и я.
Мы разошлись, дойдя до исступленья
открытости на острие копья
и нежности ушедшего мгновенья.

Но завтра в темном, лазерном луче
все преломилось в искаженном виде.
Мой новый день, незанятый ничем,
я провела, вчерашний ненавидя.

Колокола пробили час на башне,
Нет времени о прошлом говорить,
Я спектр снов, который снился раньше,
С реальностью – связующая нить.

Бескрылый ангел, падающий в бездну,
Он – белый свет, собой закрывший мрак.
Когда-нибудь я навсегда исчезну,
Как в море уплывающий маяк.

Потоки чувств, наполнившие чашу,
Судьбой моей разлиты как вино,
Я только всплеск, я только память Ваша,
Которой мне остаться суждено…

В каждой строчке стиха есть судьба предрешенная,
Эти строки писала не я, мой небесный двойник,
Я всю ночь по тетради вожу отрешенная,
Будто в душу мою он внезапно проник.

Что за бледная тень от луны отраженная,
Свет мелькнувшей души или только ее силуэт?
Будто счастьем на миг, как огнем обожженная,
Оживила она мой старинный портрет.

Смотрят пристально звезды на мир нелюдимый,
Освещая всю тайную суть бытия,
И строку за строкой вдохновеньем ночным одержимый
Кто-то пишет в тетрадку стихи за меня...

Я склоняюсь, а скатерть бела,
как страница бумаги,
и расплылись узоры, как будто бы маги,
на папирусе тонком слагают слова.

А внутри белизны – воздух сжат. И гадалка
нагадала на картах чужую судьбу,
летом солнце то бледно, а то ослепительно ярко
одинокую в море освещает звезду.

А она в беспределе затеряна, будто
безнадежно на гибель плывет.
И на скатерти, с тенью играя, поет,
встав с постели, припухшее утро.

Я молчу о тебе. Чуть заметный
только след от усталости смят.
И холодные чувства, как птицы не спят,
и гадает гадалка плохие приметы.

Суеверная, тихая, сникла жара,
всех тонов – от хрустального в горький.
И года, словно кони на бешеной гонке
мчатся прочь – непонятно куда…

БЕССОННИЦА

Уединенья гавань томная.
Измята снами простыня.
Ночь длинная и вероломная
К закату небом приросла.

А сон бессонницы крылом
Касается, тревогой будит.
Зима стихает за окном,
И убаюкивает будни,

И светлячки рисуют круг,
Звезда повисла над обрывом.
Ее лучи коснулись губ,
И веки темнотой укрыли.

И догорает ночь-свеча.
Гадает сон на лунной гуще.
И трудно тишине молчать
И шум рассвета молча слушать.

И вот уже веселый день
Сон прогоняет пеньем птичьим.
Бессонницы косая тень
Играет с утром безразлично.

Прогноз опять пророчит снег.
И новый день метет по свету.
И утомленный человек
Спокойно спит перед рассветом.

Такая тихая тоска к дождю пристала мокрым телом.
Под шелест плачущего дня я вместе с грустью
постарела.
Через завесу бытия рождалась тень забытых предков.
Парила над землей душа, как будто выпорхнув из
клетки.

Глаза вечерние луны скользили вдоль чужой планеты.
На мокром полотне земли слова из Ветхого Завета
Плели ритмический узор на языке моей молитвы.
И лунный дождь земле дарил тоски серебряные слитки.

Жара страдала за окном, стекая потом вдоль по крыше.
На ветвях жалобно играл свою мелодию Всевышний.
Печаль темнела в облаках, ей тихо вторила тревога.
И кто-то в тишине молил опять прощения у Бога.

Так завершался жаркий день на грани приходящей ночи.
Пел грустно где-то соловей, конец вселенной
напророчив.
Клубилась жизнь в бокале сна, с бессонницей в горячем
споре.
В лиловом будущем тонул безумный ангел в Мертвом
море...

Я закрываю дверь
И воскрешаю муз,
И звук шагов твоих исчез
В пространстве времени
И чувств,
И я мечусь,
Одна,
Свободная от уз,
От губ твоих,
От рук твоих,
От нелюбви,
От слова «жди».
И я не жду.
Мечусь,
В пространстве времени
И чувств.

ЛИСТАЯ СТАРЫЕ СТРАНИЦЫ

СТИХИ РАЗНЫХ ЛЕТ

ПОСЛЕДНИЙ ПОЛЕТ

Полет, опаленный беззвучным стенаньем,
Шагами измерены все перепутья.
Слова на скрещенье – присяжные, судьи,
И падают звезды, теряя сознанье
На лживые судьбы.

Устала до боли. До точки бездушья.
Спускаемся ниже – от солнца в отчаянье.
Излучины счастья – неверно случайны.
И ночь задыхается в вечном удушье,
Как вечная тайна.

Не зови, не откликнется голос на эхо.
Начинается бал маскарад.
Каждый трепетный звук в этом мире – помеха.
Чистый звук глубины – неоконченный такт.

Женский плач. Тишина. Королевские трубы.
Не зови. Ведь у скрипки сломался смычок.
Это ветер оближет засохшие губы,
Соберет мои чувства в единый пучок.

Здесь виденья из сказки в безвременьи тонут.
В этом царстве опять королевский парад.
Не зови. Каждый шаг как движение в омут.
Я совсем не игрок. Ухожу в тишину,
Чуть дрожа, наугад.

С ДНЕМ РОЖДЕНИЯ

В комнате –
небо на стенке,
в зеркале –
солнце,
светится миром
оконце
на синем холсте Шагала.
Парят над землёю чувства,
женщина, словно пава,
в тайном мире искусства,
на синем холсте Шагала.
Я к полотну припала
Взглядом горящим –
двое влюбленных, летящих
в счастье.
Вот оно – синее счастье,
чище сияния снега.
Выше земли голубая лава –
в жизни – на синем холсте
Шагала.

НА ВЫСТАВКЕ ДИЕГО РИВЕРА

Это толпа одичало ревела –
«Выставка Диего Рибера!»

Мексика. Красок бульварная прыть,
Розовых тел чернотой не отмыть.

Будто вода в океане вскипела –
Мексика. Фрески. Диего Рибера.

Взгляд округленных, восторженных глаз,
тело пронизывающих не раз.

И на картину желанное месиво.
Только вот где же осталась Мексика?

Есть здесь Флоренция, Вена, Ривьера
бывшего Диего Рибера.

Мексики краски желтеют и гаснут,
словно он там еще, на Монпарнасе.

Где же его мексиканское кредо?
Это – Испания, это – Толедо.

Флаги. Толпа в суете онемела.
Мексика. Фрески. Диего Рибера.

«КРИК» ЭДВАРДА МУНКА

На ощупь, наугад,
в мороз и в снег, и в град,
себя превозмогая,
бредет куда не зная.
Под небом плачет скрипка,
И желтая улыбка
застыла на губах,
как осень на лугах,
и желтый воздух липнет,
окутывая грудь –
ни крикнуть,
ни вздохнуть.
Пятном зеленым день,
И блекнущая тень
от страха шелестит,
как будто мост дрожит.
Пустынность.
Одиночество.
Отчаянье.
Пророчество.
Сиротство.
Глубина.
И красок желтизна –
всё замерло на миг,
и замер… крик…

УЛЫБКА

Потухшая, безрадостной умрет,
Не осветив лица своим рассветом,
Заученно, не угодив ответом,
Измученно и медленно уйдет.

Спадет с лица на тоненькие плечи,
На грудь, на руки, на пол и к ногам,
По утренним, нетронутым лугам
Вдруг осенью пройдет…
И дождь загасит свечи…

Портьеры тяжесть – сильная рука
Свинцом холодным на плечо легла.

Я с болью вспоминаю каждый раз
Простую мысль, что смерть сильнее нас.
И в облаке, похожим на крыло,
Есть обреченность. И мое окно –
Всего лишь рама – узкий выход в быт,
Который тучей черною размыт,

И что по обе стороны стекла
Есть тайна света и густая мгла…

ПАУК

Вдруг куда-то все ушло,
растворилось в тихом омуте.
Ночь сомкнула веки. В комнате
слепота вошла в нутро.

Все ходы дверной паук
опоясал сеткой мутною.
Он стежками тонких пут,
вышивал узор под утро.

Все куда-то вдруг ушло:
нежность, завтрашность, беспечность.
Стало просто всё равно,
что потом — конец ли, вечность.

Океан плескал волну,
брызгами дарил фонтанными.
В темной комнате, в углу,
Странный свет паучил странно.

В лунном небе только семь
отражалось звезд над млечностью.
И, выплёскивая свет,
с океанской быстротечностью

он смывал растущий ком
на песке разлитой горечи…
На границе сна и полночи
день рождался пауком.

Окна пространственность пустая.
Три ветки голые в одной,
сплетаясь в неуклюжей позе,
ко мне клонятся головой.
Осеняя, тупая вялость –
ведь ей до смерти ночь осталась.
Медлительность движенья дня –
всё стало чуждо для меня,
как ритм стиха, рожденный в прозе,
как отдаленность правоты,
как грусть осенней наготы.
Как будто всё необъяснимо –
и этой осени минор,
и наш последний разговор,
и жизни ритм, идущий мимо.

Маме

Мне б закричать, да не могу.
Мне б по столу рукой ударить.
Мне б взбунтоваться. На лету
Все узы разорвать. Поставить
Огромный памятник. И жизнь
Перечеркнуть. Забыть. Забыться.
Да снег летит – зеленый снег.
И по ночам мне мама снится.
Ее колени обхватив,
Я говорю ей, как мне больно,
Как неспокойно, как безвольно
Плыву, как будто в никуда.
«Такая у тебя судьба.
Уйди. Смени весну на лето».
«Куда?» – кричала я, но эхо
Мне только вторило. Ответа
Я не услышала ее.
И все мне снова опостыло.
А на снегу ее могила
Казалась голубым пятном,
Как будто ангела крылом,
Ее зима собой укрыла.

Ты меня не заставишь любить –
Не в твоей это власти.
Горький привкус в твоем сладострастье
И моем неумении жить.

Обновляется жизнью листва,
Сок с деревьев стекает в корни.
Словно в гонке забитые кони,
Дышат смертью твои слова.

И в рассыпанной хвойной ели
Привкус чувствую остроточный.
Веет ветер дальневосточный,
Оставляя шрамы на теле.

Поздней ночью, последней ночью,
Губы осенью холодели...

Во всем мне хочется дойти
До самой сути.
В работе, в поисках пути,
В сердечной смуте...

Борис Пастернак

Во всем глубинность, правда, суть.
И сгустком кровь на солнцепёке.
Горьки мне горькие упрёки,
Когда и ночью не сомкнуть
Ни глаз, ни губ.
И добрый дух
Витает в комнате. И слух
Так напряженно ловит звуки.
Всего две строчки до разлуки.
И мрак, разлитый, как вино,
На ощупь кажется мохнатым.
Теперь, наверно, всё равно,
Кто был по сути виноватым,
В чем правда сотворенья зла,
Когда сидели допоздна,
На грани страсти и разлуки,
Скрестив сомкнувшиеся руки.
Смятенье таяло, как дым,
Как дух, духовно истощенный.
Был каждый так легко раним
В тот вечер, странно-отрешенный.
И сон страдал.
В сердечной смуте
Мы так и не дошли до сути.

МУЗЫКА

В. З.

Я по нотам вожу онемевшим смычком,
Звуки бьются надтреснуто в гулком сосуде,
Но поет тишина в запоздавшем прелюде,
Послужившим к началу толчком.

Разобщенные звуки в пространстве парят
Между полюсом «завтра» и нотой «сейчас».
Уходящее время застыло на час,
Облачившись в ночной, музыкальный наряд.

Звуковая волна поменяла настрой,
Затянула о прошлом фальшивый мотив,
Задохнулась, как море в вечерний прибой,
И разрушила суть неумелой игрой.

Я не вижу начала. Я слышу конец.
Воровато часы повернули назад.
Месяц к точке вселенной прирос наугад,
Словно к небу пристал золотой леденец.

Музыкальный антракт. Омертвевшим смычком
По раскрытой тетради в раздумье вожу.
Я о музыке смерти стихи напишу.
И о жизни, что может случиться потом.

Что ищет женщина в глазах его порочных?
Что он скрывает от нее за ширмой ночи?
Что ждет она, беды не чая?
Прощая каждый день, но не прощая.

Остыли на столе две чашки чая.
И чайник, опрокинутый случайно, –
Как знак беды. А за картиной –
Гнездо из тонкой паутины –
Пристанище хромого паука.

Мужчина только что ушёл, сказав «пока» –
Так, на ходу, весь смысл вместив
В сухие буквы. Вкратце, ей объявив,
Что им пора расстаться.
Он не вернется, а она –
Вязанье уберет с петель, –
Тот свитер, что ему вязала.
Заправит бережно постель.
И, словно уезжающий, с вокзала,
Посмотрит ночи вслед.
Смешной мечтатель.
И повернет на кухне выключатель.

Комната из детства.
    На пустырь окно.
А за печкой мечется
    Стылое тепло.
Мрак. На кресле – вечер.
    На стене – паук.
За стеною ветер
    Кормит тень из рук.
Тишина беззвучно
    Наполняет быт.
На часах неровно
    Маятник стучит.
Отбивая, вторит
    Времени взахлёб
Память. Город. Горя
    В детство путь пролёг.
Мама в платье стройном.
    Зимний колорит…
Это детство стонет…
    Это боль болит.

Наказываю нелюбовью,
в тоску подливая горечь.
Давно перешло за полночь,
сумрак мешая с болью.

Видишь, с какою силою
перерезаю корни.
ветер треплет в агонии
Кроны с седою гривою.

Душно от плача ветра,
душит обвивом змея.
Осень будить не смея,
бьется, как птица, ветка.

Не суждено – забуду.
Буду в змеиной коже,
с ветром осенним схожа,
горечь мести по кругу…

Окно, смотрящее в себя.
А за окном такая тишь.
Такая внутренняя лень.
Ты смотришь ласково, молчишь.
И падает ночная тень
На нерожденные слова,
Сложившие такой мотив,
Что даже летний ветер стих,
Завесив свет от фонаря.

Одолжи мне свое отраженье,
жадность, жар
и мечтательность, столь
непохожую на вторжение
в очевидность сомосожжения
и чужую, живую боль.

Одолжи мне свое отторжение
от того, что болит как шрам,
беззащитность и защищенность,
счастье, близкое к поражению,
за которое по-монашески
в спешке грешную жизнь отдам.

Одолжи мне долги и должности,
разбросай по земле стихи,
и тепло собрав осторожно,
ты за эту ложную сложность
и холодность — меня прости.

Жизнь прожита в одно мгновенье
и, задохнувшись как в жару,
стекает восковым свеченьем
строка оплывшая. Я жду…

Я жду… Под огненную крышей
в оцепенении застывший,
свернувшись, как уютный кот,
ложится стих. И одинок…

тот слог, замешанный на мести.
Не мучайся, что мы не вместе,
что зыбь от волн как дрожь. И вглубь…
идут слова от сердца. Звук…

полураскрытых губ… Но все равно…
Не мучайся. Ведь так давно
на рубеже других широт
страдала память. Белый шелк

снегами охлаждал. Я муз…
рукою легкую коснусь.
И, задохнувшись от объятий,
стекает воск свечой. Проклятье…

жить вне времен. И на мгновенье…
не затушить свечи свеченье…

Еще дрожат воспоминанья
росинкой тусклой на листе,
чтоб каплей водяной исчезнуть
и испариться в высоте.

Перешагнув через запреты
мы сны вчерашние сожжем,
и памятью опять воскреснем
перед дождем.

ПОЭТУ

Как вы сердцем узнали – незрячий,
Что на карте есть город – прозрачен и тих,
Где печаль поселилась и длится, а значит,
Что остался еще недописанным стих?

В городской пустоте одиноких владений,
На дорожках судьбы и у взлетной ее полосы
Вы листали минуты забытых видений,
Как в прочитанной книге – листы.

Оглянуться назад – вы ведь здесь ненадолго –
Незаметный прохожий, ненужный фантом,
И течет ваша жизнь, как широкая Волга,
Оставляя раздумья свои на потом.

А в конце пустота – и провал в безразличье.
Вы на финишной ленте – последний рывок.
И становится явью недетская притча
О поэте, которого вылепил Бог.

Ни судьбы, ни сумы – на пределе отчаянья
Нашептал вам Господь свой последний завет –
Что на этой земле жили вы не случайно.
Только первым всегда умирает поэт!

КОНЕЦ

СОДЕРЖАНИЕ

РАЗМЫШЛЕНИЯ

ПРЕЛЮДИИ К ДОЖДЮ

ГОРОД ИЛЛЮЗИЙ

ЛУННАЯ СОНАТА

СУМЕРКИ

ЗА ЧЕРТОЙ НЕВОЗВРАЩЕНИЯ

ЛИСТАЯ СТАРЫЕ СТРАНИЦЫ